Garuda im Aufwind

Franz Magnis-Suseno SJ

Garuda im Aufwind

Das moderne Indonesien

Bibliografische Information der Deutschen Bibliothek

Die Deutsche Bibliothek verzeichnet
diese Publikation in der Deutschen Nationalbibliografie;
detaillierte bibliografische Daten sind im Internet
unter *http://dnb/ddb.de* abrufbar.

ISBN 978-3-8012-0464-8

Verlag J. H. W. Dietz Nachf. GmbH
Dreizehnmorgenweg 24, 53175 Bonn
Lektorat: Dr. Alexander Behrens
Umschlaggestaltung: Antje Haack | Lichten, Hamburg
Satz: Kempken DTP-Service | Satztechnik · Druckvorstufe · Mediengestaltung, Marburg
Druck und Verarbeitung: CPI – Ebner & Spiegel GmbH, Ulm

Printed in Germany 2015

Besuchen Sie uns im Internet: *www.dietz-verlag.de*

Inhaltsverzeichnis

Vorwort

Als Daniel Reichart und Valeska Hesse, die ehemaligen Leiter des Büros der Friedrich-Ebert-Stiftung in Jakarta, mich Anfang 2014 ermunterten, mein Buch *Neue Schwingen für Garuda. Indonesien zwischen Tradition und Moderne* von 1989 zu aktualisieren, wusste ich nicht, worauf ich mich einließ. In den seither vergangenen dreißig Jahren hat sich in Indonesien so viel verändert, dass dabei praktisch nur ein neues Buch herauskommen konnte. Seit ich 1961 als junger deutscher Jesuit in Jakarta ankam, übt dieses viertgrößte Land der Erde, das Land mit den weltweit meisten Muslimen, mit seinen so reichen und vielfältigen Kulturen, darunter die beeindruckende javanische, das Land der Insel Bali mit seinen dem Hinduismus treu gebliebenen Bewohnern, dieses Land mit einer selbstbewussten, am nationalen Leben voll partizipierenden christlichen Minderheit, das sich inzwischen zur drittgrößten Demokratie der Erde gemausert hat, eine niemals abreißende Faszination auf mich aus. Darüber zu schreiben, reizte mich dann doch sehr.

So entstand *Garuda im Aufwind*. Es ist kein wissenschaftliches Buch. Es ist kein Buch aus der Perspektive eines Beobachters, sondern eines Partizipierenden. Längst haben mich Indonesier in ihren Einsatz, sich den zahlreichen Herausforderungen im Lande zu stellen, einbezogen. Längst bin ich einer von ihnen geworden. In diesem Buch erzähle ich, was Wichtiges passiert ist. Sehr vieles davon habe ich direkt miterlebt. Über vieles habe ich gemeinsam mit indonesischen Freunden nachgedacht und mich gefragt, wie es zum heutigen Indonesien kam. Nichts von dem, was ich hier schreibe, muss von allen genau so gesehen werden, wie ich es sehe, aber ich habe es wieder und wieder mit Indonesiern aller Klassen besprochen und diskutiert.

Indonesien ist nicht nur äußerst interessant – was wohl die meisten Besucher bestätigen werden. Es ist auch ein extrem wichtiges Land. Wenn Indonesien in eine gesellschaftlich-politische Krise stürzen oder zum Beispiel in eine Dynamik wie manche Länder des Mittleren Ostens geraten oder wenn Indonesien in radikalislamische Hände fallen würde, wäre davon nicht nur Südostasien in Mitleidenschaft gezogen. Mehr als zweihundert Schiffe passieren auf ihrer Fahrt von China, Japan, Korea, den Philippinen und anderen Ländern nach Indien, Afrika und Europa jeden Tag die Malakkastraße, den schmalen Seeweg zwischen Sumatra und der malaischen Halbinsel. Ein von Anarchie oder Gewalt zerrissenes Indonesien hätte beachtliche globale Folgen. Dass Indonesien trotz vieler Aufregungen bis heute nicht aus dem Gleichgewicht geriet, ist ein stabilisierender Faktor für Handel und Politik weltweit.

Mit seinen Parlaments- und Präsidentschaftswahlen war 2014 ein wichtiges Jahr. Vor 16 Jahren wurde der Autokrat General Suharto gestürzt, doch inzwischen ist die indonesische Demokratie aus der Versuchsphase heraus. Die letzten Wahlen verliefen ohne die geringsten Probleme, haben aber gleichzeitig zu der vielleicht schwersten Krise des Landes seit 1998 geführt – und trotzdem scheint Indonesien auch hier wieder selbst einen Ausweg gefunden zu haben.

Deshalb beginne ich mit dem Wahljahr 2014. Die extreme Polarisierung, die vor allem im Zuge der Präsidentenwahl entstand, wirft ein bezeichnendes Licht auf die politischen Probleme, die für Indonesien immer noch eine Gefahr darstellen könnten. Danach zeichne ich die aufregenden und dramatischen 16 Jahre seit dem Ende der Suharto-Ordnung nach (1998–2014). Das ist die Zeit der islamisch-christlichen Bürgerkriege mit Tausenden Toten in Ostindonesien, aber auch die Zeit, in der Osttimor – *Timor Leste* – seine Freiheit erhielt, in der ein Tsunami 180.000 Todesopfer forderte und zur Befriedigung der Provinz Aceh beitrug, ferner die Zeit, in der sich der indonesische Islam entschieden gegen islamistische Engführungen verwahrte und dem nationalen pluralen Staat den Rücken stärkte und in der zugleich ein islamistisch motivierter Terror das Land erschütterte.

Erst danach kommen Indonesiens Geschichte und Kultur an die Reihe. Ein Kapitel stellt die Entwicklung bis zur Unabhängigkeitserklärung von 1945 dar. Ein wichtiger Punkt dabei ist die Entstehung des indonesischen Nationalbewusstseins. Darauf folgt ein Kapitel über die javanische Kultur, ohne deren Verständnis die indonesische Geschichte und das, was die Nation in den 50 Jahren nach Ende des Zweiten Weltkriegs erlebt hat, schwer verständlich wäre. Einiges davon übernehme ich aus meinem Schwingen-Buch. Anschließend behandele ich die wechselhaften und turbulenten Jahre unter den Präsidenten Sukarno und Suharto, wo auch das dunkelste Kapitel der Geschichte Indonesiens zur Sprache kommen wird: die Vernichtung der Kommunistischen Partei und all derjenigen, die 1965 und 1966 kommunistischer Sympathien verdächtig waren. Natürlich bleibt Osttimor nicht unerwähnt.

Mein früheres Schwingen-Buch war vor allem auf die javanische Kultur fokussiert. Nun steht sozusagen ganz von selbst der Islam im Zentrum. Auch wenn die javanische Kultur weiter ihren Einfluss haben wird, so ist für die Zukunft Indonesiens entscheidend, wie sich der indonesische Islam weiter formiert. Und das ist noch weitgehend offen. Indonesiens Wappentier ist der mythische Adler *Garuda*. Im letzten Kapitel frage ich, was wir wohl in den kommenden Jahren erwarten dürfen. *Garuda* liegt weiterhin im Aufwind.

Der Leser sei darauf hingewiesen, dass es am Buchende, außer dem dürftigen Literaturverzeichnis einen Personen- sowie einen mit Erklärungen versehenen Sachindex gibt. Dem Verlag Dietz danke ich dafür, dass er bereit war, dieses Buch herauszubringen. Ganz besonders danke ich hier Dr. Alexander Behrens, der in mühsamer Kleinarbeit Seite für Seite aus meinem in rumpeligem Deutsch geschriebenen Manuskript einen, so hoffe ich, flüssig lesbaren Text gemacht hat und dabei auch manche Wiederholungen und Doppelungen eliminieren konnte.

Jakarta, November 2014 Franz Magnis-Suseno

Erstes Kapitel

Ein Neuanfang

Am 20. Oktober 2014 trat Indonesiens 7. Präsident sein Amt an, der Javaner Joko Widodo, der auch bei offiziellen Gelegenheiten schlicht »Jokowi« genannt wird. An der Zeremonie nahmen alle noch lebenden früheren Präsidenten teil, Bacharuddin Jusuf Habibie, Frau Megawati Sukarnoputeri und Jokowis unmittelbarer Vorgänger Susilo Bambang Yudhoyono. Die größte Aufmerksamkeit kam jedoch der Tatsache zu, dass auch Prabowo Subiyanto, Jokowis erbitterter Gegenkandidat bei den Präsidentschaftswahlen, dem Sieger gratulierte und seine Unterstützung zusagte. Damit ging eine Zeit der Konfrontation zu Ende, wie sie schlimmer nicht hätte sein können.

Jokowis Wahl bedeutet für viele Indonesier den Beginn einer neuen Ära. Mit ihm übernimmt zum ersten Mal eine Generation die Führung des Landes, die keine Verbindung zu den alten Machtstrukturen der sogenannten »Neuen Ordnung« General Suhartos hat. Jokowi ist mit 53 Jahren relativ jung, pflegt keinerlei Nähe zum Suharto-Clan oder den chinesischen Wirtschaftskonglomeraten, den sogenannten *cronies*, die selbst nach Suhartos Sturz große wirtschaftliche Macht ausüben. Auch einen militärischen Hintergrund besitzt Jokowi nicht. Sein Stellvertreter im Amt, der 72-jährige Jusuf Kalla, war schon einmal zwischen 2004 und 2009 Vizepräsident von Präsident Susilo Bambang Yudhoyono. Kalla ist ein reicher traditioneller buginesischer Geschäftsmann aus Südsulawesi. Doch auch er gehörte nicht zu den Suharto-nahen Konglomeraten. Kalla gilt als nicht fanatischer Muslim und verschafft Jokowi zusätzliche islamische Legitimität. Er hat den Ruf eines abgebrühten Politikers, der die dringend benötigte Professionalität für das Regierungsgeschäft mitbringt.

Der Gegensatz zwischen den Präsidentschaftskandidaten Probowo und Jokowi hätte nicht größer sein können: hier der 1951 geborene Prabowo, ein ehemaliger General aus der Zeit Diktator Suhartos und Kommandant der berüchtigten Kopassus, einer Elitetruppe der Armee. Dort der ehemalige Möbelhändler Joko Widodo. Jokowi ist ein bescheidener Mann, der, als er noch Gouverneur von Großjakarta war, mit dem Fahrrad zur Arbeit fuhr. Prabowo dagegen liebt grandiose Auftritte. Zum Auftakt seiner Wahlkampagne im Mai 2014 ritt er, an Mussolini erinnernd, hoch zu Ross in ein Stadion in Jakarta ein, wo seine Anhänger ihn mit frenetischem Applaus empfingen. Prabowos Vater, Professor Sumitro Djojohadikusumo, musste 1957 aus Indonesien fliehen, weil er am PRRI-Aufstand in Sumatra teilgenommen hatte. Nach Suhartos Machtübernahme kehrte er zurück und wurde Handels-, später Forschungsminister. Prabowos Vater war ein muslimischer Javaner und mit einer protestantischen Christin aus Nordsulawesi verheiratet. Prabowo selbst ist Muslim. Seine katholische Schwester Maria Biatiningsih heiratete Professor Sudradjat Djiwandono, einen Katholiken, der unter Suharto Gouverneur der indonesischen Staatsbank wurde. Prabowos jüngerer Bruder, Hashim Djojohadikusumo, wiederum ist ein *new born Christian* und einer der reichsten Männer des Landes. Im Wahlkampf stellte er seinem Bruder unbegrenzte Finanzmittel zur Verfügung und sorgte dafür, dass viele evangelikale und charismatische Christen sich hinter ihn scharten. Prabowo selbst war 1970 zur Armee gegangen und machte bei den Kopassus-Elitetruppen, die er später anführte, Karriere. 1983 heiratete er eine Tochter von Präsident Suharto[1]. Als Kommandant der Kopassus-Truppen

1 Suhartos Name, und viele andere Namen wie »Sukarno«, wird in Indonesien meist noch nach der inzwischen abgeschafften niederländischen Transkription als »Soeharto«, »Soekarno« geschrieben. Ich schreibe im Folgenden dieses niederländische »oe« immer als »u«, wie es ja auch im Indonesischen ausgesprochen wird.

führte er jahrelang Kommandoaktionen gegen Guerillas im indonesisch besetzten Osttimor durch und soll Gerüchten zufolge in schwere Menschenrechtsverletzungen verwickelt gewesen sein. Als Präsident Suharto Anfang der neunziger Jahre seinen Schwenk zum Islam vollzog und damit eine Politik der Islamisierung einleitete, galt Prabowo als einer der Anführer der »Grünen«, also der islamistischen Fraktion in der Armee, die diese von Anhängern des früheren katholischen Oberkommandierenden Benny Murdani säubern und die sogenannte »rot-weiße Fraktion« der »Nationalisten« an den Rand drängen wollte. 1998 machte Suharto Prabowo schließlich zum Chef der strategischen Reserve (diesen Posten hatte Suharto selbst 1965 eingenommen, als sein Aufstieg zum Präsidenten begann). Prabowos Karriereglück wendete sich mit den Ausschreitungen im Mai 1998, die zum Sturze Suhartos führten. Immer noch wird er als der Anstifter dieser Unruhen gesehen, bei denen etwa 1.300 Menschen starben, obwohl es bis heute dafür keinerlei Beweise gibt. Auffallend ist allerdings, dass Suharto kurz vor seinem Sturz seinen Schwiegersohn plötzlich fallen ließ. Als dem neu vereidigten Präsidenten Habibie am 21. Mai 1998 gemeldet wurde, Kopassus-Truppen seien dabei, den Präsidentenpalast zu umzingeln, setzte er Prabowo, der laut protestierte, ab. Wenig später stellte General Wiranto, Oberkommandierender der Streitkräfte und Prabowos Erzfeind, diesen wegen Verschleppung und Folterung von neun Aktivisten vor einen Ehrenausschuss des Militärs. Auf dessen Votum hin wurde Prabowo von Präsident Habibie aus dem Militär entlassen. Prabowo ging für mehr als ein Jahr nach Jordanien ins Exil. Suhartos Tochter hatte sich inzwischen von ihm scheiden lassen. 2002 kehrte Prabowo wieder nach Indonesien zurück und begann, ganz langsam seine eine Präsidentschaftskandidatur vorzubereiten. Bei den Wahlen 2009 war er bereits Kandidat für die Vizepräsidentschaft von Megawati Sukarnoputeri, die aber gegen Susilo Bambang Yudhoyono keine

Chance hatte. Dann begann Prabowo, sich selbst als Präsidentschaftskandidat für 2014 öffentlich ins Spiel zu bringen. Anfang 2013 sah es so aus, als könne niemand ihn stoppen, bis Jokowi plötzlich aus dem Nichts auftauchte.

Joko Widodo wurde 1961 in einfachsten Verhältnissen in der mitteljavanischen Großstadt Surakarta, auch Solo genannt, einem Zentrum der javanischen Kultur, geboren. Er baute einen florierenden Möbelhandel über ganz Indonesien auf und exportierte auch ins Ausland. 2005 gewann er die Wahl zum Bürgermeister von Solo, und 2010 wurde er mit 91 Prozent aller Stimmen wiedergewählt, was für Indonesien ein ganz ungewöhnliches Ergebnis war. 2012 kürte ihn die City Majors Foundation zum »drittbesten Bürgermeister der Welt«. Im selben Jahr gewann er die Wahl zum Gouverneur der Hauptstadt Jakarta, bei der er von Megawatis PDIP und Prabowos Gerindra Partei unterstützt wurde. Jokowi wirkt wie »ein Mann vom Dorf«, geht gern unter die Leute, gehört eindeutig nicht zum Klüngel der großen Gesellschaft der Hauptstadt und hat auch keine Auslandserfahrung. In Jakarta war er sofort überaus beliebt, nicht zuletzt wegen seiner Gewohnheit des *blusukan*, sich zum Beispiel auf einem Markt einfach unter Leute zu mischen oder vor Ort persönlich mit Kleinhändlern zu sprechen, die er vom Bürgersteig in Markthallen umsiedeln wollte. Jokowi und sein christlich-chinesischstämmiger Vize Basuki »Ahok« Tjahaya Purnama schafften in den ersten anderthalb Jahren in Jakarta mehr als ihre Vorgänger in der gesamten fünfjährigen Amtszeit. Jokowi begann mit der gründlichen Säuberung der verstopften Kanäle und mit dem seit zehn Jahren geplanten Bau einer Untergrundbahn, es gelang ihm, Straßenhändler dazu zu bewegen, dass sie freiwillig in eigens zur Verfügung gestellte Markthallen umziehen, für Slumbewohner ließ er Wohnungen bauen, bevor die Slums abgerissen wurden, und er hat es schneller als die staatliche Gesundheitsversicherung, die jetzt erst anläuft, geschafft, dass alle Bürger von Jakarta, die als arm registriert sind, kostenlos eine ärztliche Grundversorgung in Anspruch nehmen konnten.

Seine Erfolge hatten eine Konsequenz, die vor allem Prabowo schockierte. Binnen Kurzem wurde der neue Gouverneur als Kandidat für die Präsidentschaftswahlen 2014 gehandelt. Prabowo lag in Umfragen von 2013 mit etwa 18 Prozent aller Stimmen unangefochten an der Spitze aller Präsidentschaftskandidaten, von denen keiner auf mehr als 7 Prozent kam. Und plötzlich wurde er von Jokowi links überholt mit Umfragewerten von über 45 Prozent. Prabowo sah Jokowis Präsidentschaftskandidatur als Verrat an, hatte er doch mitgeholfen, ihn in den Gouverneurssessel von Jakarta zu heben. Viele allerdings sagten, dass jemand, der im Volk so viel Unterstützung genießt, das Recht, ja, die Pflicht hat, dem populären Ruf nachzukommen. Am Ende erfüllten nur zwei Bewerber die gesetzlichen Bestimmungen, um als Präsidentschaftskandidat aufgestellt zu werden: Jokowi und Prabowo.

Jokowis Stern brachte Prabowos Wahllager in Panik. Es folgte der schmutzigste Wahlkampf in Indonesiens Geschichte. Jokowi musste eine beispiellose Kampagne bis direkt vor den Wahlen über sich ergehen lassen. Erst wollte man ihn als Gouverneur von Jakarta in einen Korruptionsfall verwickeln, was nicht gelang. Dann wurden an islamischen Koranschulen systematisch Flugzettel verteilt, auf denen es hieß, Jokowi sei in Wirklichkeit kein Javaner, sondern Chinese aus Singapur und heimlicher Christ. Jokowi wolle Indonesien in die Hände von Nichtgläubigen übergeben (sein Stellvertreter und Nachfolger als Bürgermeister in Solo ist ein Katholik, und sein Stellvertreter und Nachfolger als Gouverneur von Groß-Jakarta ist der schon erwähnte Christ Basuki »*Ahok*« Tjahaja Purnama). In Moscheen wurde gepredigt, Jokowi zu wählen sei Sünde (*haram*). Prabowo avancierte zum Hoffnungsträger vieler islamischer Hardlinergruppen, und ein bekannter islamischer Politiker erhob ihn gar zum

Führer im heiligen Krieg. Die beiden islamischen Großorganisationen Muhammadiyah und Nahdlatul Ulama allerdings erklärten ihre Neutralität. Vor diesem Hintergrund ist es erstaunlich, dass Prabowos protestantischer Bruder Hashim viele evangelikale und charismatische Christen als beinahe fanatische Befürworter Prabowo gewinnen konnte.

Auch Prabowo wurden Vorwürfe gemacht, die sich nicht beweisen ließen und die im Wahlkampf schließlich keine Rolle mehr spielten. Er habe die jordanische Staatsangehörigkeit angenommen, er habe die Unruhen im Mai 1998 angezettelt, seine Leute hätten außer den neun Aktivisten, für die er aus der Armee ausgeschlossen wurde, zwölf weitere verschleppt, die seitdem verschwunden sind, und dass er zahlreiche Menschenrechtsverletzungen auf dem Gewissen habe.

Jokowis Wahlkampfmaschine war alles andere als kompetent. Ständige Umfragen meldeten übereinstimmend, dass Jokowis Vorsprung vor Prabowo zusehends dahinschmolz. Zwei Wochen vor den Wahlen war er auf zwei Prozent gesunken. Erstaunlicherweise gewann Jokowi, der eher stotternd spricht, die vier Fernsehdebatten mit Prabowo, der auch kein guter Redner ist, deutlich. Am 9. Juli wurde gewählt. Sieben seriöse *quickcounts* sahen alle eine Mehrheit von 4 bis 6 Prozent für Jokowi/Kalla, drei, die gekauft waren, ließen Prabowo/Rajasa mit einer Mehrheit von 2 Prozent gewinnen. Am 22. Juli gab die Wahlkommission das offizielle Endergebnis bekannt. Es fiel deutlicher aus als erwartet. Von 192 Millionen Wahlberechtigten waren 133,6 Millionen zur Wahl gegangen, die Wahlbeteiligung lag also etwas über 69 Prozent. Jokowi erhielt 53,15 Prozent, Prabowo 46,85 Prozent der Stimmen. Der klare Vorsprung betrug also 8,42 Millionen Stimmen.

Damit war das Drama aber noch nicht zu Ende. Im Gegenteil, die politische Situation Indonesiens wurde immer bedenklicher. Prabowo weigerte sich, das Wahlergebnis anzuerkennen und zog vor das Verfassungsgericht, um die Wahlen wegen angeblich »systematischer, massiver und strukturierter Wahlfälschung« für ungültig erklären zu lassen. Dafür gab es allerdings nach Auffassung unparteiischer Beobachter keinerlei Anzeichen. Am 21. August 2014 wies das Verfassungsgericht die Klage Prabowos als völlig unbegründet ab und erklärte die Präsidentschaftswahlen für gültig. Damit war die Frage, wer für die nächsten fünf Jahre Präsident Indonesiens wird, endgültig entschieden.

Aber es entstand eine Situation, die in Indonesien immer wieder mit der Lähmung des amerikanischen Präsidenten Barak Obama durch einen auf Obstruktion spielenden, republikanisch beherrschten Kongress verglichen wurde. Sechs Parteien hatten Prabowo im Wahlkampf unterstützt. Zusammen verfügten sie im Parlament über eine satte Mehrheit von 63 Prozent und schlossen sich zur »Rot-Weißen Koalition« (nach den indonesischen Nationalfarben rot und weiß) zusammen. Sie versuchten, Jokowi das Regieren schwer zu machen. Als ersten demonstrativen Akt ihrer Macht erließen sie gegen starke Widerstände in der indonesischen Gesellschaft ein Gesetz, das die 2005 eingeführte direkte Wahl der Provinzgouverneure und Distriktvorsitzenden (Bupatis) durch das Volk wieder abschaffte und sie wie früher durch die Provinz- und Distriktparlamente wählen ließ. Dieses Gesetz wurde von vielen als erster Schritt zum Abbau der Nach-Suharto-Demokratie gesehen, zumal Prabowo verlauten ließ, dass auch der Präsident nicht direkt durch das Volk, sondern, wie in der Verfassung von 1945, besser durch den Ratgebenden Volkskongress gewählt werden sollte, wobei dieser selbst nur zu einem Teil aus gewählten Vertretern bestand. Da in fast allen Provinz- und Distriktparlamenten die Rot-Weiße Koalition die Mehrheit hatte, würde das neue Gesetz dazu führen, dass in beinahe allen Provinzen und Distrikten die Pro-Prabowo-Partei das Sagen hat. Danach änderte die Rot-Weiße Koalition die Geschäftsordnung des indonesischen Parlaments, nach der bisher die stärkste Partei den Parlamentsvorsitzenden stellte, und besetzte sämtliche Vorsitzendenposten, auch die der Parlamentskommissionen, mit eigenen Leuten. Damit konnte die Prabowo-Koalition den neuen Präsidenten praktisch vollkommen blockieren, zumal Jokowi von seinem Vorgänger einen Haushalt »geerbt« hat, der für 2015 bindend ist und ihm keine Möglichkeit lässt, eigene Programme zu finanzieren. Da auch der Ratgebende Volkskongress, der den neuen Präsidenten am 20. Oktober ins Amt einzuführen hat, von der Rot-Weißen Koalition beherrscht ist, war nicht auszuschließen, dass er sich sogar weigern würde, Jokowi einzuführen. Daraufhin erklärte die Regierungskoalition sich zum Gegenparlament, natürlich ohne rechtliche Grundlage. Das Parlament war also in zwei sich befehdende Blöcke gespalten.

Dies war sicherlich die ernsteste innerstaatliche Konfrontation seit dem Sturze Suhartos. Eine völlig gelähmte Regierung hätte Indonesien in eine schwere Krise geführt, und manche Beobachter sahen bereits die Möglichkeit einer Machtübernahme durch das Militär nach thailändischem Muster voraus. Diese düstere Situation hellte sich aber innerhalb von nur einer Woche auf. Im September hatte die islamische Partei PPP ihren der Korruption verdächtigen Vorsitzenden und ehemaligen Religionsminister gestürzt und sich Jokowi angeschlossen. Mit der PPP verfügten seine fünf Parteien jetzt immerhin über 44 Prozent der Sitze. Doch das eigentliche Kunststück zur Lösung der verhärteten Fronten vollbrachte Jokowi selbst: Zehn Tage vor seiner Amtseinführung lud er die Präsidenten des Ratgebenden Volkskongresses und des Parlamentes zu sich ein. Daraufhin erklärte der Präsident des Ratgebenden Volkskongresses, die Amtseinführung Jokowis werde reibungslos vonstattengehen. Dann stattete Jokowi mehreren Parteiführern der Rot-Weißen Koalition und schließlich sogar Prabowo einen Besuch ab. Sein Rivale gratulierte ihm jetzt zur Präsidentschaft und meinte, Jokowi können ein guter Präsident werden. Er werde ihn so lange unterstützen, wie er nicht »gegen das Volk« regiere. Bei der Amtseinführung am 20. Oktober saß Prabowo mit auf der Tribüne.

Damit war die Gefahr einer totalen, kommunikationslosen Erstarrung der Regierung Jokowi/Kalla durch die oppositionelle Rot-Weiße Koalition zunächst gebannt. Nach allgemeiner Meinung hat Jokowi hier durch seine mentale Stärke den Sieg davon getragen. Sein unbeirrt positiver Stil – nie ein persönlicher Angriff, immer die Ruhe bewahren, immer freundlich gegenüber aller Opposition – trug Früchte. Es ist wohl nicht übertrieben, aus diesem Meisterstück politischer Kommunikation auf die hohen politischen Fähigkeiten des neuen Präsidenten zu schließen.

Allerdings blieb die Spaltung des Parlaments zunächst bestehen. Aber auch hier siegte schließlich unter massivem Druck aus der Bevölkerung die Bereitschaft beider Blöcke, die permanente Totalkonfrontation zu beenden. Nach drei Wochen einigten sich schließlich die Rot-Weiße und die Jokowi-Koalition auf einen Kompromiss, der seitdem Gültigkeit zu haben scheint. Zwar steht Jokowi immer noch einer oppositionellen Mehrheit im Parlament gegenüber – es sei denn, irgendeine eine Partei wie zum Beispiel Golkar würde nach ihrem nächsten Parteikongress zur Jokowi Koalition hinüberwechseln –, aber die Obstruktionsdrohung dürfte vom Tisch sein. Dass die verfeindeten Parteien wieder normal miteinander arbeiten, ist ein ermutigendes Zeichen für die Zukunft der indonesischen Demokratie.

Viele Indonesier sind der Meinung, dass mit der Präsidentschaft Jokowis die Phase demokratischer Konsolidierung, die rund anderthalb Jahrzehnte dauerte, abgeschlossen sei und ein neues Blatt in der indonesischen Geschichte aufgeschlagen wurde. Diese sechzehn Schlüsseljahre für die Demokratisierung Indonesiens seit dem Sturz Suhartos sind das Thema des folgenden Kapitels.

Zweites Kapitel

1998–2014: Eine Demokratie stabilisiert sich – Suharto tritt zurück

Es war 10 Uhr westindonesischer Zeit am 21. Mai 1998. Auf diesen Augenblick hatten Millionen Indonesier gewartet. Suharto, seit 1968 Präsident der Republik Indonesien, erklärte, umgeben von seiner engsten Mitarbeitern und übertragen vom nationalen Fernsehen, mit ruhiger Miene, dass er in diesem Augenblick das Amt des Präsidenten niederlege. Der Verfassung folgend, wurde nunmehr der amtierende Vizepräsident Bacharuddin Jusuf Habibie auf das Amt des Präsidenten vereidigt. Er war damit der dritte Präsident Indonesiens, des viertgrößten Landes der Welt.

Diesem Moment waren Wochen der Spannungen und Unruhen vorausgegangen. Im Juni 1997 hatte in Thailand die südostasiatische Finanzkrise mit der Abwertung des Bath begonnen. Einen Monat später – Indonesien hatte die Finanzkrise noch nicht zu spüren bekommen –, fanden die turnusgemäßen Parlamentswahlen statt. Die Regierungspartei Golkar gewann erwartungsgemäß mit 72 Prozent aller Stimmen. Aber die Finanzkrise weitete sich, von Thailand kommend, weiter aus. Bald erreichte sie auch andere Länder. Im August musste Indonesien den festen Wechselkurs von 2.400 Rupiah für einen US-Dollar aufgeben. Innerhalb weniger Tage fiel der Rupiah auf 6.000:1. Nun rief Indonesien den Internationalen Währungsfonds (IWF) um Hilfe an. Die daraufhin getroffenen Maßnahmen, darunter die Schließung von zwanzig maroden Banken, half nichts. Als Suharto im Januar bekannt gab, er wolle seinen langjährigen Technologieminister und Lieblingsschüler Habibie als Vizepräsidenten einsetzen, stürzte der Kurs der Rupiah sogar kurzfristig auf 18.000:1 ab. Die indonesische Währung hatte also sechs Siebtel ihres alten Wertes verloren. Die indonesische Wirtschaft brach um etwa 10 Prozent ein. In den Städten begannen die Menschen, Lebensmittel zu horten. An Javas Nordküste wurden chinesische Geschäfte geplündert. Im Februar gab es in Jakarta, Medan, Solo und Yogyakarta erste Studentendemonstrationen gegen Suharto.

Im März 1998 stellte der Präsident sein neues, 9. Kabinett vor. Gegen den Wunsch des Militärs setzte Suharto durch, dass Habibie vom Ratgebenden Volkskongress (MPR)[1] zum Vizepräsidenten gewählt wurde. Habibie, der als »Technologiezar« von Suharto seit 20 Jahren freie Hand und unbegrenzte Mittel zum Aufbau einer indonesischen Flugzeugindustrie erhalten hatte, war 1991 auf Wunsch Suhartos zum Chef des ICMI, des »Verbandes indonesischer muslimischer Intellektueller«, gewählt worden. Er galt als Günstling Suhartos. Da nach der indonesischen Verfassung der Vizepräsident automatisch die Präsidentschaft übernimmt, wenn der Präsident an der weiteren Ausübung seines Amtes gehindert ist, und da viele bezweifelten, dass der inzwischen 77 Jahre alte Suharto noch weitere fünf Jahre als Präsident durchhalten würde, deutete sich mit Habibies Wahl zum Vizepräsidenten Indonesiens seine mögliche Machtübernahme in absehbarer Zeit an. Politisch unterstützt wurde Habibie nur von den Muslimen des ICMI, während die Mehrheit des Militärs und sämtliche Gegner Suhartos ihn ablehnten. Das neue Kabinett erinnerte viele Indonesier an das sogenannte »100-Minister-Kabinett« Präsident Sukarnos im Januar 1966 (es zählte beinahe hundert Mitglieder), das zwar für einen kurzen Augenblick den Eindruck von Stärke vermittelte, aber gewaltige Studentendemonstrationen zur Folge hatte

1 Der Ratgebende Volkskongress, *Majelis Permusyawaratan Rakyat*, *MPR*, ist das höchste Staatsorgan in Indonesien, kann die Verfassung ändern und wählte bis 2004 den Präsidenten.

und mit der Machtübernahme Suhartos am 11. März 1966 ein abruptes Ende fand.

Jetzt gingen die Demonstrationen erst richtig los. Während sich die beiden Hauptgegner Suhartos, Abdurrachman Wahid, Vorsitzender der großen islamischen Nahdlatul Ulama Organisation (NU), der im Januar 1998 einen Schlaganfall erlitt, und die Sukarno-Tochter Megawati, zurückhielten, bot sich der Chef der zweitgrößten islamischen Organisation des Landes, der Muhammadiyah, Prof. Dr. Amien Rais, immer mehr als Ansprechpartner für die demonstrierenden Studenten an. Amien Rais hatte früher als islamischer Scharfmacher gegolten, seinen Kurs aber Mitte 1997 geändert. Im Januar 1998 kritisierte er als einziger die Plünderungen chinesischer Geschäfte durch randalierende Mobs. Anfang Mai hatte Rais die »Gesellschaft für die Interessen des Volkes« (*Masyarakat Amanat Rakyat*, MAR) gegründet, zu der er Persönlichkeiten aller oppositionellen Richtungen (mich eingeschlossen) einlud, um für einen eventuellen Umsturz vorbereitet zu sein.

Suharto gab zwar Befehl, Demonstrationen nur innerhalb des Universitätscampus zuzulassen, doch das Militär legte den Befehl großzügig aus. Die Demonstrationen gingen unvermindert weiter. Am 10. Mai erhöhte die Regierung, einer Forderung des IWF gehorchend, die Benzinpreise. Daraufhin kam es in der nordsumatranischen Stadt Medan zu schweren Ausschreitungen. Drei Tage später, am 13. Mai, machten sich Zehntausende von Studenten der Trisakti-Universität in Westjakarta auf, anderswo zu demonstrieren. Als das Militär die Studenten auf das Universitätsgelände zurückdrängte, erschossen Scharfschützen offenbar von einer Fußgängerbrücke aus vier Studenten. Bis heute ist der Vorfall nicht aufgeklärt.

An den nächsten beiden Tagen erlebte Jakarta die schlimmsten Unruhen in seiner Geschichte. Etwa 4.000 Gebäude wurden abgebrannt. 1.300 Menschen kamen ums Leben, die meisten von ihnen Plünderer. Es ging das Gerücht, dass diese von jungen Männern mit militärischem Haarschnitt aufgefordert worden waren, sich in den Malls zu bedienen. Daraufhin wurden die Ausgänge verriegelt und die Gebäude angezündet. In der Yogyakarta-Mall im Stadtteil Klender in Ostjakarta fand man rund 300 bis zur Unkenntlichkeit verbrannte Leichen. Die Unruhen richteten sich vor allem gegen Indonesier chinesischer Abstammung, denen die meisten gebrandschatzten Gebäude gehörten. Mindesten 50 chinesische Frauen wurden vergewaltigt.[2] Ähnliche Unruhen fanden in vielen anderen indonesischen Städten statt, besonders im mitteljavanischen Solo. Am 16. Mai kehrte Suharto vorzeitig aus Kairo zurück, wohin er zu einer Konferenz der blockfreien Staaten gereist war. In den Medien wurde verbreitet, er habe in Kairo seinen Rücktritt angeboten. Aber Suharto leugnete das. Er versprach grundlegende Verbesserungen, so auch ein neues Kabinett. Aber er versuchte, an der Macht zu bleiben. Doch sogar enge frühere Mitarbeiter sagten ihm, es sei Zeit zu gehen. So gab Suharto am 21. Mai 1998 die Macht nach 32 Jahren an seinen Vize Habibie ab.

1 Zwei Tage höchster Spannung

Habibies erste beiden Tage im Amt waren turbulent. Seine Machtübernahme wurde zwar von den Muslimen des ICMI begrüßt, aber die Studentendemonstrationen gingen unvermindert weiter. Die Studenten hatten inzwischen das Parlament besetzt und forderten die Einsetzung einer kollektiven Führung als vorläufige Regierung. Habibie, der als Kreatur Suhartos galt, sollte gehen und Golkar, die unter Suharto Regierungspartei war, verboten werden.

2 So das offizielle Ergebnis einer von Präsident Habibie eingesetzten Untersuchungskommission. Aktivisten kommen auf mehr als 200 Vergewaltigungen.

Am Abend des 21. Mai, seines ersten Tages im Amt, erhielt Habibie die Meldung, dass General Prabowo Subiyanto, Suhartos Schwiegersohn und Befehlshaber der strategischen Reserve, früher von ihm befehligte Kopassus-Elitetruppen in die Stadt geführt habe. Daraufhin setzte Habibie Prabowo ab. Sein Nachfolger wurde der christliche General Johny Lumintang, allerdings nur für 17 Stunden. Muslimische Politiker und Freunde protestierten sofort bei Habibie, dass es in einer so angespannten Lage politisch unverantwortlich sei, einen Christen mit dieser strategisch so bedeutsamen Position zu betrauen. General Lumintang verlor seinen Posten. Inzwischen war es Abend geworden. Auf Rat von Militärchef Wiranto hatte Habibie seine Familie in Sicherheit bringen lassen. Da wurde Besuch beim Präsidenten gemeldet. Es war Prabowo Subiyanto. Prabowo musste sich gefallen lassen, dass Habibies Assistent Sintong Panjaitan seine Pistole an sich nahm mit den Worten, zum Präsidenten komme man nicht bewaffnet. General Sintong war Militärkommandant von Ostindonesien gewesen und 1992 aus dem Militär entlassen worden. Grund war das Massaker in Dilli, der Hauptstadt von Osttimor, für das vermutlich gar nicht Sintongs Truppen, sondern Sonderverbände unter Prabowos Kommando verantwortlich waren. Dieser beschuldigte jedoch Habibie, ein früheres Versprechen nicht eingehalten zu haben, nämlich ihn, Prabowo, zum Oberkommandierenden der Streitkräfte zu machen. Jetzt forderte er wenigstens seinen Posten als Kommandierender der Strategischen Reserve zurück. Aber die Situation war bereits umgeschlagen. Auf Wunsch Wirantos wurde ein Bataillon von Marinekampftruppen aus Surabaya eingeflogen, das an strategisch wichtigen Stellen der Hauptstadt mit schweren Waffen in Stellung ging. Habibie lehnte ab. Daraufhin ging Prabowo zu seinem Schwiegervater[3] Suharto. Aber der wollte Prabowo nicht

3 Kurz darauf ließen sich Prabowo und seine Frau Titiek scheiden.

empfangen.[4] Um zwei Uhr nachts entspannte sich die Lage in Jakarta. Die Marinetruppen, die vorher die Studenten aus dem Parlament geleitet, verließen ihre Stellungen. Die Kopassus-Truppen waren bereits abgezogen. Was später oft als Putschversuch Prabowos bezeichnet, doch von diesem immer bestritten wurde, war gescheitert.

Entscheidend dafür dürfte gewesen sein, dass im Gefolge der Unruhen vom 14. und 15. Mai die Kinder Suhartos, selbst Prabowos Frau Siti Hediati Hariyadi (»Titiek«), vor ihrem Schwager und Mann Angst bekommen hatten und nun zu Prabowos Rivalen, Oberbefehlshaber General Wiranto hielten. Eigentlich lässt sich das nur dadurch erklären, dass die Suharto-Kinder in Prabowo den Anstifter der Unruhen sahen. Gerüchten zufolge wollte Prabowo Suharto zeigen, dass Wiranto nicht in der Lage sei, die öffentliche Ordnung aufrechtzuerhalten, um dann, als Krönung seiner steilen Militärkarriere, selbst als Oberkommandierender eingesetzt zu werden. Doch Suharto ließ sich von seinen Kindern drängen, an Wiranto festzuhalten. Prabowo selbst bestreitet jede Verwicklung in die Unruhen und beschuldigt indirekt Wiranto. Tatsächlich hatte Wiranto trotz der beginnenden Unruhen die gesamte Militärspitze Indonesiens für den 14. Mai in die ostjavanische Stadt Malang zu einer ganz unbedeutenden Veranstaltung beordert und dafür bis heute keine überzeugende Erklärung geliefert. Prabowo behauptet, er habe Wiranto wiederholt aufgefordert, die Einladung wegen der drohenden Unruhen zurückzunehmen. Bis heute ist dunkel, wer die Mai-Unruhen, die solche Verwüstungen anrichteten,

4 Es wird gemunkelt, dass Prabowo damit rechnete, sein Schwiegervater Suharto werde den Oberbefehlshaber des indonesischen Militärs, General Wiranto, infolge der Unruhen absetzen und ihn selbst an seiner Stelle einsetzen. Aber die Rechnung ging nicht auf. Es scheint, dass Suhartos Kinder während der Unruhen vom 13. bis zum 15. Mai vor ihrem Schwager Prabowo Angst bekommen hatten und Suharto nach seiner Rückkehr aus Kairo überredeten, an Wiranto festzuhalten.

die zum Sturze Suhartos und zum Ende seiner »Neuen Ordnung« führten, nun eigentlich angestiftet hat.

2 Die Überraschung Habibie

Die Studentendemonstrationen, die zu Suhartos Sturz führten, gingen alsbald wieder los und richteten sich nun gegen Habibie. Als ehemaliger Vize und engster Vertrauter Suhartos galt er den Revolutionären der *Reformasi* – so wurden der Sturz Suhartos und das Ende des Neuen Ordnung bezeichnet, um das Wort *Revolusi* zu vermeiden – als gefährliches Überbleibsel des Suharto-Regimes. Doch ihn zu stürzen, gelang nicht, da General Wiranto Habibie unterstützte.

Habibie selbst hatte offenbar eingesehen, dass nur eine demokratische Öffnung des Landes ein Auseinanderbrechen verhindern würde. Schon eine Woche nach seinem Amtsantritt traf er entscheidende Maßnahmen, um in Indonesien die Demokratie wieder einzuführen. Er schaffte die Pressezensur ab, ließ politische Häftlinge frei und verkündete, dass politische Parteien gegründet werden dürften. Einerseits war er als Chef des ICMI die große Hoffnung der Muslime, andererseits misstrauten ihm viele Christen, und tatsächlich saßen führende ICMI-Vertreter in Habibies Kabinett. Aus diesem Grund holte er sich Christen, darunter Frans Seda, einen führenden katholischen Politiker, der schon unter Sukarno Minister gewesen war, als Berater in sein Team und verfolgte von Anfang an eine ausgewogen nationale, keineswegs islamlastige Politik. Entscheidend war, dass er für 1999 Neuwahlen versprach. Im November 1998 trat der Ratgebende Volkskongress (MPR), der als verfassunggebende Versammlung die höchste Autorität in Indonesien darstellte, unter schweren Studentenprotesten zusammen. Allerdings tat er etwas Beachtliches: Der MPR fügte in einem Erlass den größten Teil der Klauseln aus der Menschenrechtserklärung der Vereinten Nationen von 1948 als Anhang in die indonesische Verfassung ein. Innerhalb weniger Wochen war Indonesien ein freiheitlicher Staat geworden.

Ich fragte Habibie sehr viel später, woher er den Mut genommen habe, gegen den Widerstand des Militärs die Demokratie einzuführen. Er antwortete mir, das sei eine Frage der Geschwindigkeit gewesen. Er habe seine Maßnahmen so schnell ergriffen, dass das Militär nichts dagegen tun konnte. Habibie hatte exakt kalkuliert, dass das Militär sich keinen Zweifrontenkrieg leisten würde: Einerseits die Studenten in Schach halten und andrerseits gegen den Präsidenten Widerstand leisten – das wäre zu viel gewesen.

Eine andere weitreichende Initiative Habibies, die vom MPR beschlossen wurde und ihm zum Vorteil gereichte, war die sogenannte Autonomie der Regionen. Seit Mitte 1950 war Indonesien als zentralistischer Einheitsstaat regiert worden, alle wichtigen Entscheidungen wurden in Jakarta getroffen. Durch das neue Gesetz änderte sich das. Die Provinzen und Distrikte (*Kabupaten*) – aktuell 34 Provinzen und 510 Distrikte – erhielten weitreichende Autonomierechte, was Entwicklungspläne und Finanzen anging, außerdem sollten Provinzgouverneure, Provinzparlamente und Distriktleiter künftig direkt von der Bevölkerung gewählt werden sollten, was der Entwicklung noch mehr Dynamik verlieh.

3 Osttimor

Den größten Schock versetzte Habibie dem indonesischen Volk, und vor allem dem Militär, im Dezember 1998, als er der Bevölkerung des seit 1975 von Indonesien besetzten und zu einer Provinz erhobenen Osttimor ein bis dahin unerhörtes Angebot machte: nämlich in einer Abstimmung darüber zu befinden, ob sie einen besonderen Autonomiestatus für die nächsten zehn Jahre akzeptieren würde, um danach ebenso frei darüber abzustimmen, ob Osttimor weiter mit Indonesien vereint bleiben oder Indonesien verlassen sollte. Habibie war der Meinung, dieses Angebot sei so verlockend, dass es mit großer Mehrheit angenommen würde. Für den Fall einer Ablehnung sollten die Osttimorer sofort in die Unabhängigkeit entlassen werden, denn dann würde die Abstimmung in zehn Jahren vermutlich auch gegen Indonesien ausgehen. Warum sollte man mit dieser Perspektive für weitere zehn Jahre Gelder in Osttimor investieren? (Bei allen Gräuelnachrichten über Menschenrechtsverletzungen durch indonesisches Militär in Osttimor wird oft übersehen, dass Indonesiens Regierungen kontinuierlich große Summen in Osttimors Verkehrsnetz, Schulen und Krankenhäuser investiert hatten).

Habibies Angebot an die Osttimorer kam für seine Landsleute wie aus heiterem Himmel. Der indonesischen Außenminister Ali Alatas, ein international sehr angesehener Mann, war entsetzt. Er stand mitten in recht positiv verlaufenden Verhandlungen mit Portugal über eine langfristige Lösung der Osttimor-Frage, als Habibie mit seinem Vorschlag kam. Dem Militär, das Einsätze in Osttimor stets als Frage der nationalen Ehren angesehen hatte, verschlug es buchstäblich die Sprache. Ich kann mich an keinen einzigen Kommentar vonseiten des Militärs erinnern. Aber Habibie wich nicht zurück. Er forderte die Vereinten Nationen auf, die Abstimmung zu überwachen. Sie wurde am 30. August 1999 ohne besondere Vorkommnisse durchgeführt. Eigentlich war abgemacht, dass mit der Verkündigung des Ergebnisses eine volle Woche gewartet werden sollte. Aber die Vereinten Nationen machten nach nur drei Tage das Ergebnis bekannt. Es lautete, dass, bei einer Wahlbeteiligung von 98 Prozent, 78,5 Prozent aller abgegebenen Stimmen das Autonomieangebot der indonesischen Regierung abgelehnt hatten. Das aber war nichts anderes als ein Votum für die sofortige völlige Unabhängigkeit von Indonesien. Tausende von Osttimorern, denen Schlimmes schwante, flohen nach (indonesisch) Westtimor. Die vom indonesischen Militär ausgebildeten osttimoresischen Milizen reagierten mit äußerster Brutalität auf das Abstimmungsergebnis. Sie verkündeten, alles abzureißen, was Indonesien an Schulen und öffentlichen Einrichtungen in den letzten 25 Jahren gebaut und bezahlt habe, falls Osttimor sich unabhängig mache. Fast die Hälfte der etwa 750.000 Bewohner Osttimors verließen ihre Häuser fluchtartig. Über 200.000 gingen ins indonesische Timor oder wurden dorthin verschleppt.

Inzwischen sind die meisten Osttimorer längst wieder in ihre Heimat zurückgekehrt, aber immer noch wohnen über 10.000 von ihnen im indonesischen Teil Timors, die meisten von ihnen sind Angehörige der proindonesischen Milizen; sie haben weiterhin Angst vor Racheakten, falls sie in ihre Heimatdörfer zurückkehren würden. Bei einem Besuch in Atambua nahe der Grenze zu Osttimor im Juli 2014 erzählten mir Geistliche, diese ehemaligen Osttimorer hätten bei den Präsidentschaftswahlen alle Prabowo gewählt, weil sie hofften, dass er Osttimor wieder zurückerobern würde.

Etwa ein Drittel aller Gebäude wurde abgebrannt, mehr als tausend Zivilisten wurden ermordet, darunter auch mein ehemaliger Student, der junge javanische Jesuitenpater Dewanto, der beim sogenannten Kirchenmassaker in Suai umkam. Die Menschen hatten sich in die katholische Kirche der Stadt geflüchtet und wurden dort von proindonesischen Milizen zusammengeschossen. Unter den anderen erschossenen Priestern – die Milizen hegten einen besonderen Hass gegen katholische Priester, weil sie als Anhänger der osttimoresischen Unabhängigkeit galten – war auch der deutsche Jesuitenpater Karl Albrecht, der am 8. September im Vorgarten seiner kleinen Jesuitenkommunität in Dili erschossen wurde. Erst nach einem Monat gelang es australischen Truppen der UNO, die Unruhen zu beenden. Das indonesische Militär, das sich selbst passiv verhalten hatte, verließ Osttimor. Osttimor selbst wurde unter die Verwaltung der Vereinten Nationen gestellt, bis es im Jahre 2002 die endgültige Freiheit erhielt.

Hätte Präsident Habibie der Verwüstung Osttimors und dem Morden Einhalt gebieten können? Eine eindeutige Antwort auf diese Frage kann wohl kaum gegeben werden. Heute stimmen die meisten Indonesier darin überein, dass es damals höchste Zeit war, die Osttimorer selbst über ihre Zukunft entscheiden zu lassen. Genau das tat Habibie – ein kolossaler Tabubruch, hatte doch die Regierung Suharto 23 Jahre lang argumentiert, Osttimor sei ein integraler Teil Indonesiens und der Einsatz des indonesischen Militärs gegen die osttimoresischen Freiheitskämpfer eine nationale Ehrenpflicht. Gefallene indonesische Soldaten waren »Helden«. In Wirklichkeit hat Indonesien niemals ein Recht auf die ehemalige portugiesische Kolonie beansprucht, auch Suharto nicht. Dieser griff ganz tief in die Trickkiste politischer Vorwände und behauptete, die Osttimorer hätten Indonesien zum Schutz vor den Kommunisten zu Hilfe gerufen und im Mai 1976 selbst um Aufnahme in die indonesische Republik gebeten.

Erst Habibie fand den Mut, an dieser Darstellung zu rütteln. Und er hatte die Kraft, selbst dann an seiner Abstimmungslinie festzuhalten, als deutlich wurde, dass sich keine Mehrheit für eine Autonomie Osttimors innerhalb Indonesiens finden ließe. Gegen sein Militär setzte er durch, dass die Abstimmung frei stattfinden konnte. Dennoch stellte die Preisgabe Osttimors in den Augen der meisten Indonesier die größte Verfehlung Habibies dar. Allerdings gab es auch andere Beurteilungen. Mich fragten zum Beispiel muslimische Freunde, wieso die indonesischen Katholiken die osttimoresische Unabhängigkeit unterstützt hätten, die einen prozentualen Rückgang der Katholiken an der Bevölkerung Indonesiens nach sich zöge. Tatsächlich war Osttimor erst unter indonesischer Besatzung katholisch geworden. Wie in

Angola und Mozambique waren die portugiesischen Kolonialherren auch in Osttimor immer faule Missionare gewesen. Als Indonesien Osttimor besetzte, waren nur 13 Prozent der Bevölkerung getauft, als Osttimor frei wurde, gab es über 90 Prozent Christen beziehungsweise Katholiken. Anders als im Ausland immer wieder berichtet, haben die indonesische Regierung und das Militär in Osttimor niemals eine Islamisierungskampagne gestartet. Ganz im Gegenteil. Sie versuchten von Anfang an, sich mit der katholischen Kirche gut zu stellen, da sie wussten, dass für die Osttimorer die katholische Kirche die einzige Institution war, die ihre alte Identität gleichsam aus der Vergangenheit in das indonesische Zeitalter herüberrettete. Aus diesem Grunde akzeptierte Suharto sogar den strikt antiindonesischen Bischof und Nobelpreisträger Carlos Filipe Ximenes Belo. Das war wohl auch der Hintergrund dafür, dass sich die meisten Osttimorer katholisch taufen ließen. Indem sie katholisch wurden, wollten sie sozusagen ihre osttimoresische Identität festigen. Meine muslimischen Fragesteller ließen durchblicken, dass sie den Auszug der Osttimorer aus Indonesien für einen Gewinn hielten (*good riddence*), weil dies die Nichtmuslime rein zahlenmäßig schwächte. Aus diesem Grunde war der großen muslimischen Mehrheit die Aufgabe Osttimors also gar nicht unwillkommen.

4 Reformasi

Unerwarteterweise ging unter Habibie die *Reformasi*, also die Erneuerung der 32 Jahre alten politischen Suharto-Ordnung, die in Wirklichkeit eine veritable Revolution gewesen war, weiter. Im April 1999 fanden die ersten freien Wahlen Indonesiens seit 44 Jahren statt. 45 Parteien stellten sich zu Wahl – fürs Nationalparlament in Jakarta und für die Parlamente der (damals) 30 Provinzen. Gewählt wurde nach dem reinen Verhältniswahlrecht. Die Wahlen verliefen ohne Unruhen, ohne Tote, ohne erkennbaren Wahlbetrug und sie brachten bemerkenswerte Ergebnisse. Dazu gehörte, dass die alte regierende Suharto-Partei Golkar von 70 Prozent (1997) auf 20 Prozent abstürzte und dass die frühere Oppositionspartei der Sukarno-Tochter Megawati Sukarnoputeri mit 33 Prozent den Sieg davontrug. Unerwartet und schockierend für die Muslime war das schlechte Abschneiden der islamischen Parteien. Wie schon bei den letzten freien Wahlen 1955 hatten sie gehofft, dass sich 88 Prozent statistischer Muslime in Indonesien in einem islamistischen Wahlsieg niederschlagen würden. Und wie 1955, brachte sie das Wahlergebnis auf den Boden der Tatsachen zurück. Auf die islamisch orientierten Parteien entfielen nur knapp 37 Prozent, noch weniger als 1955, wo sie immerhin 42 Prozent der Stimmen holten. Die Wahlen bestimmten nicht nur über die Sitzverteilung in den Parlamenten, sondern auch im Ratgebenden Volkskongress (MPR), der damals noch den Präsidenten zu wählen hatte – und sie läuteten das Ende von Habibies Präsidentschaft ein.

Trotz des schlechten Abschneidens der islamischen Parteien brachten die Wahlen zum ersten Mal seit 1955 den politischen Islam an die Macht. Und das war gut so. Seit Indonesiens erster Präsident Sukarno 1959 die Demokratie abgeschafft und durch eine populistische Diktatur (»gelenkte Demokratie«) ersetzt hatte, fühlten sich indonesische Muslime als Opfer der »Säkularisten«. Als dann Suharto 1966 an die Macht kam – formell wurde er erst 1968 Präsident – erlebten die muslimisch orientierten Politiker eine weitere Enttäuschung. Gerade sie hatten dem Militär bei der Vernichtung der Kommunisten 1965 und 1966 geholfen und erwarteten dafür eine politische Belohnung. Aber das Militär und Suharto hatten nicht die Macht übernommen, um sie mit Islamisten zu teilen. Sie stellten den politischen Islam während der ersten 20 Jahre der »Neuen Ordnung« praktisch kalt.

Das änderte sich Ende der achtziger Jahre. Um seine politische Basis zu verbreitern, öffnete Suharto muslimischen Politikern zuvor verschlossene Positionen in der Politik und nahm eine proislamische Haltung ein. Besonders wichtig war natürlich die Gründung des ICMI, des »Verbands muslimischer Intellektueller ganz Indonesiens«, die nur mit besonderer Erlaubnis Suhartos möglich war und seinen Liebling Habibie zu dessen Chef machte. Über den ICMI konnten nun islamisch orientierte Politiker erstmals wichtige Positionen im Staat und in der Politik einnehmen. Mit Suhartos Schwenk zum Islam kamen alte Wunden und Ressentiments wieder hoch. Es hieß, in der Neuen Ordnung hätten Christen einen überproportionalen Einfluss gehabt, es seien Christen gewesen, die Suharto zu seinem antiislamischen Kurs gedrängt hätten. Nun sei es an der Zeit, dass die Muslime den ihnen zustehenden Platz in Staat und Regierung erhielten. Nun wurden Christen aus den Führungspositionen der Suharto-Partei Golkar und des Militärs gedrängt.

Diese Situation änderte sich aber, als Habibie kurz nach seinem Amtsantritt als Präsident die Gründung neuer Parteien erlaubte und führende ICMI-Leute in sein Kabinett holte. Muslimische Politiker formierten sich nun in verschiedenen islamisch orientierten Parteien, die auch die unterschiedlichen Richtungen des indonesischen Islam widerspiegelten. Das hatte die nicht beabsichtigte Folge, dass die von Christen und anderen Minderheiten beargwöhnte ICMI sehr schnell ihre politische Bedeutung verlor und nie mehr zurückgewinnen konnte. Muslimen standen nun sämtliche politischen Positionen im Lande offen. Antichristliche Ressentiments ließen mit der Zeit nach, und die Politik war vollauf mit dem Umbau des Suharto-Erbes beschäftigt.

Der neu bestellte Volkskongress MPR hatte im Oktober einen neuen Präsidenten zu wählen. Das hätte eigentlich Megawati sein müssen, denn sie hatte die Wahlen eindeutig gewonnen. Allerdings war sie weit von einer absoluten Mehrheit entfernt. Nun wurden muslimische Stimmen laut, eine Frau dürfe keine politische Führungsposition einnehmen. Megawati selbst verstand es nicht, die Situation zu nützen und durch politische Verhandlungen eine Mehrheit zusammenzubringen, die sie für ihre Wahl zur Präsidentin benötigt hätte. In dieser Situation ergriff Amien Rais die Initiative. Rais hatte jahrelang die große Muhammadiyah-Organisation angeführt. Er galt als antichinesischer und antichristlicher Scharfmacher und war von Habibie im ICMI kaltgestellt worden. 1998 entwickelte er sich zum wichtigsten politischen Führer der Anti-Suharto-Opposition, löste sich von seinen extremen Positionen und unterstützte die gegen Suharto demonstrierenden Studenten durch die Gründung einer Gruppe, die die unterschiedlichsten politischen Gegner des Präsidenten aus allen möglichen Lagern und Religionen versammelte.

Rais nützte das Vakuum, das durch Megawatis politische Langsamkeit entstanden war, geschickt aus, um eine sogenannte »Achse der Mitte« (*poros tengah*) aufzubauen, deren Kern die islamischen Parteien bildeten. Am 15. Oktober 1999 trat der neue Ratgebende Volkskongress (MPR) zusammen, der aus den 1999 gewählten Mitgliedern des nationalen Parlaments, aus Vertretern der Provinzparlamente und zu 5,5 Prozent aus Militärs bestand. Den Vorsitz erhielt Amien Rais. Zunächst legte Präsident Habibie vor dem MPR den verfassungsmäßig vorgeschriebenen Rechenschaftsbericht über seine knapp eineinhalbjährige Regierungszeit in einer großen Rede ab. Dieser Bericht wurde mit großer Mehrheit zurückgewiesen, hauptsächlich wohl, weil er kurz zuvor Osttimor in die Freiheit entlassen hatte. Daraufhin trat Habibie zurück und gab damit das beeindruckende Beispiel eines Machthabers, der bereit ist, auf elegante Weise Macht abzugeben.

Amien Rais war Realist genug, um zu begreifen, dass er keine Chancen auf das Präsidentschaftsamt hatte. Als ehemaliger Exponent der leicht puritanischen Muhammdiyah-

Organisation war er sowohl für die »Nationalisten« – die Megawati unterstützten – als auch für die Anhänger der *Nahdlatul Ulama* (NU), der größten muslimischen Organisation Indonesiens[5] nicht wählbar. Aber der MPR wählte – von Rais dirigiert – den früheren Suharto-Gegner Abdurrachman Wahid, der 15 Jahre lang die NU geführt hatte, zum 4. Präsidenten Indonesiens. Doch gesundheitlich erfüllte Abdurrachman »Gus Dur« Wahid eigentlich nicht die Voraussetzungen für dieses Amt. Ein Schlaganfall nahm ihm 1998 zwar nicht die Sprache, wohl aber das Augenlicht. Er war praktisch blind. Vizepräsidentin wurde – gewissermaßen zum Troste ihrer Anhänger – Megawati Sukarnoputeri.

Viele Ausländer, gerade auch Deutsche, fanden es unverständlich, wie Indonesien den brillanten Habibie abwählen und einen blinden islamischen Kleriker zum Präsidenten machen konnte. Aus indonesischer Perspektive war dagegen die Wahl von Abdurrachman Wahid und Megawati Sukarnoputeri geradezu ein Geniestreich, der dem Land in einer kritischen Phase seiner Existenz seine innere Stabilität zurückgab, auf der es bis heute ruht. Das wird deutlich, wenn wir die drei wichtigsten Gruppen der indonesischen Zivilgesellschaft betrachten: die Nationalisten, die traditionalistischen *Nahdlatul Ulama*-Islamisten und die »modernistischen« Muhammadiyah-Islamisten. Im Gegensatz zu Amien Rais war Gus Dur für alle drei Gruppen in hohem Maße wählbar. Megawati wiederum war nicht nur die Kandidatin der Nationalisten und ehemaligen Sukarno-Anhänger, sondern auch bei vielen NU-Anhängern populär. Mit dem Paar Gus Dur/Megawati hatte Indonesien eine Regierungsspitze, die außer von weni-

5 NU, *Nahdlatul Ulama* (»Erwachen der Religionsgelehrten«), gegründet 1926, ist mit etwa 40 Millionen Mitgliedern die größte islamische Organisation Indonesiens; sie gilt als »traditionalistisch«. Die »modernistische« *Muhammadiyah*, mit 28 Millionen Mitgliedern, 1912 gegründet, ist die zweitgrößte islamische Organisation des Landes. Zu NU und Muhammadiyah siehe im 6. Kapitel.

gen islamistischen Extremisten und Fundamentalisten von der gesamten indonesischen Bevölkerung freudig anerkannt wurde. Damit war die Zivilgesellschaft des Landes im Wesentlichen befriedet, und die damals von Politikern und Intellektuellen oft an die Wand gemalte Gefahr eines Auseinanderbrechens des Inselreiches – immer wieder wurde damals auf das Schicksal der Sowjetunion und Jugoslawiens hingewiesen – war gebannt. Es gab, abgesehen von den beiden Problemprovinzen Papua im Osten und Aceh im Nordwesten, zu keinerlei separatistischen Bewegungen. Zugleich lernten die Menschen, was sie ja schon lange gelebt hatten, dass sie trotz ihrer ethnischen, rassischen und religiösen Verschiedenheiten miteinander im Frieden zusammenleben konnten.

5 Schwere Konflikte

Zunächst sah es jedoch nicht danach aus. Schon in den letzten Suharto-Jahren war es immer wieder zu kleinen ethnisch und sozial motivierten Zusammenstößen gekommen, die lawinenartig zunahmen. Im Januar 1998, auf dem Höhepunkt der Finanzkrise, fingen die Menschen auf Java sogar an, Nahrungsmittel zu horten. Entlang der Nordküste Javas wurden chinesische Geschäfte geplündert – allerdings wird vermutet, dass die Unruhen von ranghohen Militärs angestiftet wurden, die am Ausbruch eines nationalen Chaos interessiert waren. Nach dem Sturz Suhartos übernahmen Bauern in mehreren Gegenden Javas gewaltsam Gummi- und Teeplantagen. Sie behaupteten, dass ihnen dieses Land unter den Japanern zwischen 1941 und 1945 entschädigungslos abgenommen worden sei. Auch Suhartos große Rinderzuchtfarm bei Bogor wurde von Bauern besetzt.[6] In Jakarta fanden

6 Ich kam einmal in eine solche Situation, etwa Anfang 1999. Ich machte einen langen Dauerlauf durch eine riesige Teeplantage hoch in den Bergen

weiterhin fast täglich Straßendemonstrationen von Tausenden Studenten statt, jetzt gegen Präsident Habibie.

Zu besonders schlimmen Konflikten kam es auf Kalimantan (Borneo) zwischen einheimischen Dayaks und Malaien auf der einen und von der Insel Madura eingewanderten Maduresen auf der anderen Seite. Die meist christlichen, zum Teil aber auch noch animistischen Dayaks sind die Urbevölkerung im Inneren der Insel Kalimantan. Dayaks sind von ihrer Kultur her zurückhaltend. Waffen offen zu tragen, ist verpönt. Sie geben eher nach, als es zu einem Zusammenstoß kommen zu lassen – allerdings nur bis zu einer gewissen Grenze. Unter dem Druck der holländischen Kolonialverwaltung hatten sie schon im 19. Jahrhundert die Kopfjägerei aufgegeben.

An den Küsten Kalimantans siedeln seit Langem die sogenannten Küstenmalaien, die muslimisch sind und unter Sultanaten stehen. Mit den Dayaks leben sie in einer kulturellen Spannung. Die Dayaks stehen kulturell und zum Teil auch wirtschaftlich seit Jahren unter schwerem Druck, da ein immer größerer Teil der Urwälder, von denen sie leben, durch Großbetriebe, die die Protektion des Militärs genießen, abgeholzt werden. Wie anderswo in Indonesien hatte auch in Kalimantan Jahrzehnte lang eine spontane Immigration von Maduresen stattgefunden. Andere Indonesier sagen gern, dass der Charakter der Maduresen ihre trockene, überbevölkerte Heimatinsel Madura, bei Surabaya auf Ostjava, widerspiegelt. Ganz im Gegensatz zu den Dayaks sind Maduresen

über der Stadt Bogor. Dabei begegnete ich einer kleinen Gruppe von Plantagenangestellten, die ein Motorrad den steilen Weg nach oben schoben. Ich redete kurz mit ihnen und joggte weiter nach unten. Nach etwa einem halben Kilometer kamen mir mehr als hundert mit Messern und Stöcken bewaffnete Männer entgegen, die mich fragten, ob ich jemandem mit Kopfwunde begegnet sei. Ich antwortete, ja ich sei Menschen begegnet, die Kopfwunde hätte ich allerdings nicht gesehen. Sie sagten, die Gruppe hätte einen der ihren gekidnappt. Ich joggte unbehelligt weiter nach unten.

für ihre rauen Sitten, ihren Individualismus und, bei Beleidigungen, für den sofortigen Griff zum Dolch (*badik*) berühmt. Maduresen drängen sich gern in offenstehende Räume hinein; die Dayaks, deren Kultur direkte Konfrontationen verbietet, ziehen sich dann zurück.

Reibereien hatte es immer schon gegeben. 1997, noch unter Suharto, kam es zum ersten Mal zu schwersten Zusammenstößen zwischen zugewanderten Maduresen und einheimischen Dayaks. Aus einem nichtigen Anlass zettelten jugendliche Dayaks und Maduresen in Sangau-Ledo, etwa 200 Kilometer im Landesinneren, eine Schlägerei an, bei der zwei Dayaks niedergestochen wurden. Daraufhin gingen die Dayaks auf die Maduresen los. Doch der Polizei gelang es, eine Versöhnungszeremonie zwischen den Gruppen abzuhalten. Trotzdem gab es drei Wochen später mehrere Angriffe von Maduresen auf Dayaks, darunter ein Angriff auf eine katholische Mädchenschule bei Pontianak, der Provinzhauptstadt. Damit war die Toleranzgrenze der Dayaks endgültig überschritten. Sie holten ein uraltes Ritual aus der Traditionskiste und schickten Krüge mit Hühnerblut von Dorf zu Dorf, was der alte Ruf zum Stammeskrieg war. Nun begann im gesamten Hinterland der Provinz Westkalimantan eine Jagd auf Maduresen. Wer nicht fliehen konnte, wurde getötet. Es gab Hunderte Toten, die meisten Maduresen. Bis heute findet man im westkalimantanischen Hinterland keine Maduresen mehr.

1999 flammten neue Stammeskriege auf. Auslöser war diesmal ein Streit zwischen Maduresen und Küstenmalaien, bei denen zwei Malaien getötet wurden. Jetzt machten die muslimischen Malaien gemeinsame Sache mit den christlichen Dayaks und griffen Maduresen an. Auffallend ist dabei auch, dass die ebenfalls nach Kalimantan zugewanderten Javaner unbehelligt blieben und von den christlichen Dayaks keine einzige Moschee beschädigt wurde.

2001 wiederholte sich der Konflikt Dayak gegen Maduresen in größerem Maßstab in der Provinz Zentralkalimantan.

Von der Stadt Sampit breitete er sich über die ganze Provinz bis in die Provinzhauptstadt Palangkaraya aus. Schätzungen sprechen von bis zu 4.000 Toten, die meisten wieder Maduresen. Wieder begann der Konflikt mit einer maduresischen Gewalttat. Wieder kam es zu einer Massenjagd der Dayaks auf Maduresen. Geschichten werden kolportiert, dass Dayaks Busse anhielten, die Passagiere aussteigen ließen, sie einzeln berochen und maduresisch riechende sofort köpften. Es kursierten einige schlimme Videos, auf denen man sehen konnte, wie, so der Kommentar, ein Dayak die Brust eines Maduresen aufschneidet und direkt dessen Herzblut trinkt. Über hundert Maduresen wurde der Kopf abgeschlagen, ein Wiederaufleben der schon seit dem 19. Jahrhundert nicht mehr praktizierten Tradition des Kopfjagens. Der Konflikt dauerte das ganze Jahr. Etwa Hunderttausend maduresische Transmigranten mussten zurück nach Madura. Die Dayaks machten deutlich, dass Maduresen nie mehr in Zentralkalimantan auftauchen dürften.

6 Religionskriege

Noch beängstigender waren zwei religiös unterfütterte Konflikte. Ließen sich die Stammeskriege in Kalimantan noch auf Dayaks, Malaien und Maduresen beschränken, so brachen nun Konflikte zwischen Christen und Muslimen aus. Es bestand die Möglichkeit, dass sie sich über ganz Indonesien ausbreiten könnten. Am 23. November 1998 kam es in Jakarta zu einem Streit zwischen den Sicherheitskräften eines Nachtklubs und lokalen Parkwächtern im Stadtteil Ketapang. Die Parkwächter setzten sich in die umliegenden Kampungs ab, verfolgt von den Klubangestellten. Im Kampung solidarisierten sich die Menschen mit den Parkwärtern, die Türsteher mussten sich fluchtartig zurückziehen. Der springende Punkt war, dass die Türsteher angeheuerte ambonesiche

Christen, die Parkwächter dagegen lokale Muslime waren. Ambon ist die Hauptstadt der Molukken, einer östlichen Provinz Indonesiens. Die Ambonesen sind Kämpfer, unter den Holländern trugen sie unter dem Spitznahmen »schwarze Holländer« und wurden in der Kolonialarmee gern als Männer fürs Grobe angeheuert. Innerhalb einer Stunde tauchten Milizen der »Islamischen Verteidigungsfront« FPI vor dem Klub auf, teils in weißen Roben, sie stürmten den Klub und hackten Ambonesen, die sie erwischten, vor den laufenden Kameras der inzwischen eingetroffenen Medien in Stücke. Danach begann der Mob, Kirchen anzugreifen. Sie kamen bis zur Pasarbarustraße, einer der Hauptgeschäftsstraßen Jakartas und ein Chinesenzentrum. Ein britischer Journalist erzählte mir folgende Szene, die er auch filmte. Auf der Pasarbarustraße rückte eine wilde, mit Messern und Knüppeln bewaffnete Menge vor. Plötzlich kreuzte eine völlig ahnungslose junge Chinesin die Straße, sah die drohende Masse und versteinerte – die Massenvergewaltigungen chinesischer Frauen vom Mai 1998 lagen nur wenige Monate zurück. Ein paar muslimisch gekleidete Männer gingen auf die Frau zu, fassten sie leicht am Arm und führten sie an den Straßenrand mit den Worten: »Heute jagen wir Christen, keine Chinesen.« Auf einem berühmt gewordenen Foto trägt ein Polizist eine alte Klosterschwester im Laufschritt durch den Gang der Schule der Ursulinenschwestern, um sie vor den eindringenden Massen zu retten.

16 ambonesische Sicherheitsleute wurden zu Tode gehackt, weitere 500 Menschen verletzt und 22 Kirchen beschädigt. Die 159 Ambonesen, die den Zusammenstoß überlebten, wurden wenige Tage später in ihre 2.000 Kilometer östlich gelegene Heimatstadt Ambon ausgeflogen. Dort war die Stimmung bereits gespannt. Auf den Molukken gab es eine protestantische Mehrheit, die aber in den letzten Jahrzehnten immer mehr durch spontane muslimische Einwanderung vor allem von Buginesen aus Südsulawesi geschrumpft war. Nach

seiner Wendung zum Islam 1990 hatte Suharto erstmals einen Muslim statt eines Protestanten zum Provinzgouverneur ernannt, der dann, wie es auch sonst in Indonesien üblich ist, alle höheren Posten mit Anhängern seiner Religion, also Muslimen, besetzte. In dieser hoch gespannten Situation passierte wieder ein kleiner Zwischenfall. Ein Sammeltaxifahrer weigerte sich, einem lokalen Ganoven die üblichen 1.000 Rupiah zu zahlen (damals etwa 8 Eurocent), mit dem Argument, er habe bereits an dessen Kollegen gezahlt, worauf ihm der Mann ins Gesicht schlug. Der Taxifahrer fuhr sein Fahrzeug in seinen protestantischen Kampung und holte sich Kameraden, dann fuhr er zurück, um den Abzocker zu verprügeln. Dieser, ein Muslim, hatte sich aber in seinen mehrheitlich islamischen Kampung abgesetzt. Als der Taxifahrer und seine Freunde in den Kampung eindrangen, um den Mann zu suchen, wurden sie bereits erwartet und mussten die Flucht antreten.

Damit begann ein Krieg zwischen Protestanten und Muslimen – später wurden auch Katholiken, die auf den Molukken eine kleine Minderheit sind, in den Konflikt einbezogen –, der sich, von der Stadt Ambon ausgehend, über alle anderen Inseln der Molukken ausbreitete, bis Halmahera im Norden, Seram im Osten, den Kei-Inseln im Süden und Buru im Westen. Der Krieg forderte mehr als 6.000 Todesopfer. Eine halbe Million Menschen mussten ihre Häuser verlassen. Der Konflikt war ausgerechnet am zweiten Idulfitrifeiertag ausgebrochen. Idulfitri ist in Indonesien das wichtigste muslimische Fest, an dem die Menschen ihre Eltern besuchen und um Vergebung für ihre Fehler bitten. Ich fuhr am nächsten Tag mit meiner Vespa die 30 Kilometer in den Süden Jakartas zum Hause von Abdurrachman Wahid, meinem alten Freund aus den Tagen des Demokratieforums, der ein Dreivierteljahr später Präsident werden sollte, um ihm ein frohes Fest zu wünschen. Ich fand ihn allein vor, krank, auf einem Teppich liegend und hockte mich dazu.

Abdurrachman Wahid war bereits darüber informiert, was am Tag zuvor in Ambon begonnen hatte. Er erzählte mir, dass er seine NU-Leute in Ambon bereits kontaktiert habe, um sofort in Zusammenarbeit mit den Protestanten und dem katholischen Bischof die Ruhe wiederherzustellen.

Hier stieß Abdurrachman Wahid allerdings an die Grenzen seines Einflusses. In Ambon kümmerte sich niemand darum, was er wollte. Der Konflikt brach in seiner ganzen schrecklichen Dynamik los. Es kam zu furchtbaren Massakern auf beiden Seiten. Kritisch wurde es im Januar 2000, als Gerüchte umliefen, auf Halmahera hätten christliche Milizen 4.000 Muslime, Männer, Frauen und Kinder, massakriert. Das Militär winkte ab, es seien nur 900 gewesen. Hintergrund war, wie sich später herausstellte, ein komplizierter Stammeskonflikt, in den die frühere Suharto-Regierung verwickelt war. Beinahe wären Gewalttätigkeiten auch in Jakarta wieder ausgebrochen. Auf dem Bantengplatz hatten sich Hunderttausende Muslime versammelt, die nach Rache schrien. Es ist das Verdienst des erwähnten Amien Rais, dass es nicht zu einem antichristlichen Pogrom kam. In einer Brandrede erklärte Rais, dass, wenn sich ein solches Massaker noch einmal wiederhole, die Muslime in den Dschihad ziehen würden. Durch diese Rede entspannte sich die Stimmung, und schließlich zerstreuten sich die Massen friedlich (Amien Rais wurde diese Rede von christlicher Seite angekreidet – völlig zu Unrecht, denn nur durch scharfe Worte ließ sich damals ein antichristliches Pogrom mit unübersehbaren Folgen verhindern).

Das Halmahera-Massaker war der Anlass dafür, dass Ja'far Umar Thalib, ein früherer Afghanistan-Mudschahed und einer jener 3.000 Indonesier, die in den achtziger Jahren unter der geistlichen Führung von Osama Bin Laden und bezahlt durch die US-Amerikaner Krieg gegen die Sowjets führten – bei Yogyakarta »Dschihadkrieger« (*laskar jihad*) auszubilden begann. Gegen den strengen Befehl von Präsident Abdurrachman Wahid organisierten Marinetruppen, dass die Dschihadkrieger von Surabaya nach Ambon übersetzen konnten. Hatten bisher Christen im Konflikt die Oberhand, so wendete sich jetzt das Blatt. In den Konflikt wurde auch das Militär hineingezogen. Armeeverbände, vor allem die berüchtigten Kopassus-Elitetruppen, unterstützten vor Ort die Muslime. Die Christen dagegen erhielten Unterstützung von Brimob, der »mobilen Brigade« der Polizei, die extra für Antiguerillakampf ausgebildet war. Inzwischen versuchten Christen und Muslime, die sich auf Java trafen, Wege zum Frieden zu finden, aber die Krieger auf den Molukken lehnten alle auswärtigen Interventionen ab. Doch gerade das brachte schließlich den Umschwung. Auf Ambon und den anderen Kriegsschauplätzen kamen beide Seiten zu der Einsicht, dass sie in Wirklichkeit von Strippenziehern in Jakarta mit zweifelhaften Interessen gegeneinander ausgespielt worden waren. Die Friedensverhandlungen führte schließlich Jusuf Kalla – damals noch Minister im Kabinett Megawati (und heute Vizepräsident). Kalla war ein Buginese aus Südsulawesi, also kein Javaner, was auf den Molukken einen Vorteil darstellte. Buginesen sind seit Jahrzehnten in christliche Gebiete Ostindonesiens eingewandert und wurden immer von den Christen als Bedrohung angesehen. Christen sahen sie als ihre Hauptgegner im Bürgerkrieg, aber auf islamischer Seite wurde sie auch dessen Hauptopfer. Kalla genoss in muslimischen Kreisen hohe Glaubwürdigkeit und großes Ansehen, galt aber auch als no-nonsense-Muslim, ein Mann, mit dem man vernünftig reden konnte. In Verhandlung in der Gebirgsstadt Malino bei Makassar gelang es ihm, die kriegführenden Parteien zur Unterschrift unter einen Friedensvertrag zu bringen, der im Februar 2002 tatsächlich zum langersehnten Kriegsende führte.

Der Molukken-Krieg war nicht der einzige Konflikt seiner Art. Aus geringfügigem Anlass kam es in der mittelsulawesischen Stadt Poso Ende 1998 zu einem Zusammenstoß zwischen Muslimen und Christen. Die ethnische Situation war ähnlich wie auf Ambon beschaffen. Poso war eine mehrheitlich protestantische Stadt gewesen, die durch Zuwanderung vor allem von Buginesen aus Südsulawesi zu einer Stadt mit islamischer Mehrheit geworden war. Ein Streit, ob der nächste Bupati ein Christ oder ein Muslim sein sollte, heizte die Spannungen noch weiter an. Aus Poso wurden schließlich alle Christen vertrieben, die dann ihr Hauptquartier im etwa hundert Kilometer weiter im Landesinneren gelegenen Tentena aufschlugen. Der Bürgerkrieg verschärfte sich, als aus Java Dschihadkrieger eintrafen. Im Dezember 2001 wurde schließlich, ebenfalls durch die Vermittlung von Jusuf Kalla, ein prekärer Frieden geschlossen. Doch noch auf Jahre hinaus waren Gewalttaten vor allem gegen Christen nicht zu verhindern, darunter eine besonders abscheuliche Enthauptung von drei Schulkindern. Das hatte einen besonderen Hintergrund. Schon Anfang 2001 hatte der Chef des indonesischen Geheimdienstes BIN, General Hendropriyono, erklärt, in den Urwäldern bei Poso befinde sich ein internationales Terroristenlager. Hendro wurde sofort befohlen, nicht mehr darüber zu reden. Was er sagte, war »politisch unkorrekt«, denn es hätte die Schuld in dem Konflikt mehr auf die Seite der Muslime verschoben. Erst Jahre später wurden die Terroristenlager mit viel Mühe ausgehoben. Im Ganzen gab es etwa eintausend Tote auf beiden Seiten. Der Poso-Konflikt ist der einzige, bei dem es ein gerichtliches Nachspiel gab. Mit der Begründung, ein Massaker an Hunderten von Schülern einer islamischen Internatsschule angeführt zu haben, wurden drei Katholiken zum Tode verurteilt und hingerichtet.[7]

7 Es ist wahrscheinlich, dass es sich dabei um Justizmorde handelt, vielleicht um ein Bauernopfer. Katholiken waren nämlich an dem ganzen Konflikt kaum beteiligt und hatten daher auch keinen Muskel. Die Drei waren gebürtige Florinesen mit nicht abgeschlossener Grundschulbildung aus einem Transmigrationsdorf fast 200 km von Poso entfernt. Die Prozesse wurden

7 Demokratische Stabilisierung

Erstaunlicherweise ging die demokratische Stabilisierung trotz der beiden Bürgerkriege weiter. Vielleicht trug dazu die hohe Akzeptanz der Regierung Abdurrachman Wahid/Megawati bei. Dass Megawati Vizepräsidentin wurde, versöhnte ihre verstörten Anhänger einigermaßen – die hatten angenommen, der hohe Wahlsieg würde ihr automatisch den Präsidentensessel garantieren. Dazu kam, dass der Ex-Muhammadiyah-Führer Amien Rais seine »Achse der Mitte«, die Koalition vor allem islamisch orientierter Parteien gegen Megawati, schließlich auf Gus Dur einschwor. Dieser war nicht nur das Idol der *Nahdlatul Ulama*, einer der größten Organisationen der indonesischen Bürgergesellschaft, sondern auch bei den »Nationalisten« und Nichtmuslimen immer schon voll akzeptiert.

Dass die Präsidentschaft Gus Durs nur 22 Monate später mit seiner Absetzung durch dieselbe MPR, die ihn eingesetzt hatte, endete[8], brachte die nationale Versöhnung insofern

---

in zwei Instanzen in Poso und Palu unter dem Druck von Tausenden randalierender Muslime geführt, die die Todesstrafe forderten. Der Polizeichef von Zentralsulawesi, der muslimische Polizeiinspektor Ugroseno, weigerte sich danach konstant, die Hinrichtung zuzulassen, da er in Gesprächen mit den drei Männern zur Überzeugung gekommen war, dass sie unmöglich als Kommandanten fungiert haben konnten. Zwei Wochen, nachdem Ugroseno, derzeit Nummer vier der indonesischen Polizei, abgelöst worden war, wurden die Drei hingerichtet. Es gelang den Bischöfen auf Flores nur mit Mühe, gewalttätige Reaktionen der katholischen Florinesen zu verhindern.

8 In der NU war allerdings die Wut auf Amien Rais groß und der alte Widerwille gegen die Muhammdiyah brach wieder los. Als NU Milizen drohten, hunderttausend junge Männer nach Jakarta zu schicken, um Gus Dur zu »verteidigen«, gab Noch-Präsident Gus Dur allerdings den Befehl, sie sollten in Ostjava bleiben. Mir selbst trug damals einer der Führer der NU – jetzt Chef der NU – scherzend an: »Pater, los, wir, NU und die Christen machen Krieg gegen die Muhammdiyah«; ich lehnte höflich ab; bei Indonesiern sind solche Witze meist nicht nur Witze, sondern die Weise, etwas durch die Blume zu sagen.

weiter, als nun auch die »Islamisten« bereit waren, Megawati zu akzeptieren. Megawati, die es Gus Dur im Stillen wohl nie verziehen hatte, dass er an ihrer Stelle Präsident geworden war, erwies sich in dieser Situation als taktische Meisterin: Statt eines früheren Generals, wie es viele anrieten, wählte sie den recht unbedeutenden Chef der islamistischen PPP-Partei, Hamzah Has, zu ihrem Vize, der noch 1999 besonders laut verkündet hatte, nach islamischem Recht könne eine Frau nicht Präsident werden.

Zurück zu Gus Dur. Er war von Anfang an durch seine Blindheit stark eingeschränkt. Sein Temperament, das ihn verleitete, alles auf die leichte Schulter zu nehmen und oft autoritäre Entscheidungen zu treffen, führte zu wachsenden Konflikten. Schließlich war sein Verhalten gegenüber dem Parlament so festgefahren, dass man öffentlich seine Absetzung diskutierte. Sein letzter Schritt war ein Dekret, mit dem er das Parlament auflöste. Da ihm aber das Militär die notwendige Unterstützung verweigerte, blieb es wirkungslos, lieferte aber dem MPR den Vorwand, ihn am folgenden Tag sofort abzusetzen.

Trotzdem hat Präsident Gus Dur sehr viel bewirkt. Unter ihm wurde der allzu starke Chef der indonesischen Streitkräfte, General Wiranto, entmachtet. Die Beziehungen zu dem eben von Indonesien frei gewordenen Osttimor entwickelten sich gut und es fand eine innere Versöhnung in Indonesien statt, deren Bedeutung man jetzt, 13 Jahre später, erst wirklich einschätzen kann, wenn man sieht, wie sich die Revolutionen im Mittleren Osten sowie die Situation in Thailand, auf Sri Lanka und in Myanmar entwickelt hat. Gus Durs Präsidentschaft hat geholfen, das in den letzten Jahren von Suhartos Herrschaft immer tiefere Misstrauen zwischen »Islamisten« und »Nationalisten«, vor allem Christen, abzubauen und der Nation ein Fundament von 80 bis 90 Prozent der Bevölkerung zu geben, die im Wesentlichen hinter dem pluralistischen *Pancasila*-Staat (siehe unten) stehen und denen es zu verdanken ist, dass fortlaufende Gewalttätigkeiten in den verschiedensten Regionen – oft direkt oder indirekt zwischen Christen und Muslimen – das Land nicht destabilisieren konnten. Diese positive Entwicklung ging unter Präsidentin Megawati weiter und führte ausgerechnet bei ihr dazu, dass das indonesische Militär bereit war, das Ende seiner sogenannten Doppelfunktion zu akzeptieren. »Doppelfunktion der Streitkräfte« (*dwifungsi ABRI*) hieß die jahrzehntelange sakrosankte Doktrin, dass das Militär aufgrund seiner entscheidenden Rolle im Unabhängigkeitskampf in Indonesien nicht nur eine militärische, sondern auch eine zivile Funktion habe, womit nichts anderes gemeint war, als das Recht, die zivilen Instanzen zu kontrollieren.

Dass die Absetzung von Präsident Abdurrachman Wahid ohne irgendwelche Erschütterungen vor sich ging und Vizepräsidentin Megawati verfassungsgemäß und ohne Schwierigkeiten von islamischer Seite die Präsidentschaft übernehmen konnte, zeigt, wie stabil die indonesische Gesellschaft geworden ist. Das bestätigte sich wieder bei den nächsten turnusmäßigen Wahlen im Jahre 2004, wo Megawati klar gegen ihren früheren Sicherheitskoordinationsminister Susilo Bambang Yudhoyono verlor und die Machtübergabe wieder verfassungsgemäß verlief. Hier sei auf die erstaunliche Tatsache hingewiesen, dass die schon erwähnten Bürgerkriege von 1999 bis 2002, mit ihren zusammen etwa 8.000 Toten, den gesellschaftlichen Frieden im übrigen Indonesien nicht gefährdet haben. Die Beziehungen zwischen Christen und Muslimen wurden nicht schlechter. Und erstaunlicherweise benutzten islamische Parteien in den Wahlkampagnen 1999 und 2004 den Bürgerkrieg nicht, um die Stimmung unter Muslimen zu verschärfen, etwa durch den Hinweis »wählt meine Partei und dann wird kein Muslim mehr durch Christenhand sterben«. Diese Zurückhaltung beweist doch eine gewisse politische Reife der viel geschmähten politischen Klasse Indonesiens.

Allerdings kommt es immer wieder zu sehr ernsten örtlichen ethnisch bedingten Ausschreitungen. Fast immer zwischen der einheimischen Bevölkerung und ethnisch total verschiedenen Migranten aus anderen Teilen Indonesiens. Alles wird noch schlimmer, wenn der ethnische Gegensatz auch ein religiöser ist. Bis heute scheinen Staat und lokale Autoritäten nicht in der Lage zu sein, die Aggressionspotenziale abzubauen.

Ein solcher typischer Konflikt explodierte zum Beispiel 2012 in Südsumatra. In dem dünn besiedelten Gebiet gab es schon in der Kolonialzeit eine starke javanische Einwanderung. Javaner bilden jetzt dort die größte Bevölkerungsgruppe. Aber es kamen auch viele hinduistische Balinesen. Ausgelöst durch einen Verkehrsunfall griffen Jugendliche des einheimischen, muslimischen Lampung-Stammes zwei reiche Dörfer mit etwa 8.000 balinesischen Transmigranten an und brannten Hunderte Häusern nieder. Zwölf Menschen starben. Inzwischen herrscht ein prekärer Friede.

Dieser Konflikt hatte mit den religiösen Unterschieden zwischen Muslimen und Hindus kaum etwas zu tun, wohl aber mit dem offensichtlichen Unterschied zwischen den wohlhabenden balinesischen Dörfern und der zurückgebliebenen Ursprungsbevölkerung. Das Besorgniserregende war, dass die Balinesen schon seit Jahrzehnten dort siedelten, was nichts anderes bedeutet, als dass ihre Integration gescheitert ist. Wieder ließ sich die javanische Bevölkerung nicht in den Konflikt verwickeln. Die schon erwähnten blutigen Stammeskriege zwischen einheimischen Dayaks und Malaien und zugewanderten Maduresen in Kalimantan sind ein weiteres typisches Beispiel. Ähnliche Konflikte gibt es immer wieder auf den Inseln außerhalb Javas. Auch die blutigen Religionskriege in Mittelsulawesi und auf den Molukken gehören in diese Kategorie.

All diese Konflikte zeigen aber auch etwas anderes, Positives: Entgegen manchen Befürchtungen sowohl in Indonesien selbst als auch im Ausland ist die Gefahr der Desintegration in Indonesien eher gering – wenn wir von den Problemprovinzen Aceh und Papua einmal absehen. Es gibt derzeit keinen ernst zu nehmenden Separatismus. Es geht nie darum, von Indonesien unabhängig zu werden, sondern fast immer um handfeste Interessenkonflikte zwischen Nachbarn, oft stehen Fragen des Landbesitzes im Zentrum. Von Unabhängigkeit spricht in Indonesien praktisch kaum jemand. Gestritten wird über Machtverhältnisse auf Dorf-, Distrikts- und manchmal sogar Provinzebene. Der potenzielle Gegner ist der Nachbar, der Zugereiste, die fremde Religionsgemeinschaft.

Wie gesagt: All diese Konflikte konnten die demokratische Konsolidierung im Nach-Suharto-Indonesien nicht aufhalten. In vier Schritten, sogenannten Ammendements, demokratisierte die verfassunggebende Volksversammlung – eben jener »Ratgebende Volkskongress« MPR – unter der Führung von Amien Rais die früher als unantastbar geltende »Verfassung von 1945«, die am 18. August 1945, einen Tag nach der Verkündigung der Unabhängigkeit Indonesiens, in Kraft gesetzt worden war. Das grundlegende Vorwort, das die Ideale der indonesischen Republik und insbesondere die fünf Prinzipien der *Pancasila* (1. »(Glauben an) das Eine Göttliche«, 2. Humanismus, 3. Einheit der Nation, 4. Demokratie, 5. Soziale Gerechtigkeit)[9] enthält, blieb unverändert und kann nach übereinstimmender indonesischer Überzeugung auch nicht verändert werden. Aber schon im ersten Artikel wur-

9 Wörtlich, in meiner (FMS) Übersetzung: (1) (Glaube) an das Eine Göttliche (*Ketuhanan Yang Maha Esa*), (2) gerechte und zivilisierte Menschlichkeit (*Kemanusiaan yang adil dan beradab*), (3) Einheit Indonesiens (*Persatuan Indonesia*), (4) »Volkssouveränität geleitet durch Weisheit (gefunden) in Beratung/Vertretung« (*Kerakyatan yang dipimpin oleh hikmat kebijaksanaan dalam permusyawaratan/perwakilan*, (5) »soziale Gerechtigkeit für das ganze indonesische Volk« (*Keadilan sosial bagi seluruh rakyat Indonesia*).

de die Souveränität nun nicht mehr, wie früher, der MPR, sondern dem Volke zugesprochen. Es wurde festgelegt, dass die Mitglieder der MPR und des nationalen Parlamentes durch allgemeine Wahlen alle fünf Jahre bestimmt werden, dass Präsident und Vizepräsident – die in Indonesien die Regierung führen – direkt vom Volke gewählt werden und maximal für zwei Perioden von fünf Jahren im Amt sein dürfen. Es wurde eine zweite Kammer als Vertretung der Regionen gebildet, deren Zusammensetzung ebenfalls durch Wahlen bestimmt wird. Es wurde ein Verfassungsgericht eingesetzt. Fast die gesamte Menschenrechtserklärung von 1948 wurde in die Verfassung aufgenommen und die Religionsfreiheit doppelt bestätigt. Ein Artikel verpflichtet den Staat, für alle Bürger Sozialversicherungen einzuführen.

Mit am wichtigsten war, dass durch diese Verfassungsänderungen – denen auch die noch in im MPR sitzenden Armeeangehörigen zugestimmt hatten – das Militär jegliche Berechtigung zur Einmischung in Politik und Regierung verlor. Nach über 40 Jahren war damit die »zivile Funktion der Streitkräfte« zu ihrem Ende gekommen. Seitdem gibt es keine Vertreter des Militärs mehr in MPR und Parlament. Bemerkenswert ist auch, dass trotz der führenden Position überzeugter Muslime in der MPR in der erneuerten Verfassung keinerlei Anzeichen einer Islamisierung zu erkennen waren. Der *Pancasila*-Staat, der allen Indonesiern die gleiche Position im Staate ungeachtet ihrer religiösen Überzeugungen zuspricht, wurde voll bestätigt. Der Versuch von zwei islamistischen Parteien im Jahre 2001, über den MPR eine Bestimmung in die Verfassung einzuführen, nach der Muslime verpflichtet werden sollen, die Gesetze der Scharia zu befolgen, wurde mit einer Mehrheit von über 80 Prozent zurückgewiesen.

Doch die von Präsident Habibie eingeleitete demokratische Öffnung hatte noch eine weitere Folge. Sie ermöglichte es islamischen Extremisten, an die Öffentlichkeit zu treten. Unter Suharto polizeilich gesuchte Fundamentalisten, wie der später wegen Beihilfe zum Terrorismus verurteilte Abu Bakar Ba'asyir, kehrten aus dem Exil in Malaysia, das immer ein Hort des Fundamentalismus gewesen war, nach Indonesien zurück. Offen warben sie nun für einen Islamstaat. Die Buchläden sind seitdem voll mit islamistischen Publikationen, darunter ein nicht endender Strom antichristlicher Bücher und Pamphlete. Unterstützung fanden diese Gruppen zum Teil bei Militär und Polizei, die sie bei den Studentenprotesten gegen die Regierung Habibie einsetzen wollten. So gründete General Wiranto, Chef der Streitkräfte, 1998 eine Pamswakarsa genannte islamistische Miliz mit dem Ziel, die demonstrierenden Studenten zu terrorisieren. Im November 1998 griff ein Kommando der Pamswakarsa demonstrierende Studenten in Ostjakarta an, woraufhin Menschen aus dem Kampung den Studenten zu Hilfe kamen. Die Kommandos sprangen auf die Lastwägen, die sie gebracht hatten, und flohen. Vieren aber gelang die Flucht nicht. Sie wurden zu Tode gehackt. Damit verschwand diese Miliz wieder von der Bildfläche.

Mehr Erfolg hatte die Polizei. Sie gründete Ende 1998 die berüchtigte »Islamische Verteidigungsfront« (*Fron Pembela Islam*, FPI), des im Jemen geborenen Habib Rizieq Shihab, die inzwischen in allen größeren Städten Indonesiens Zweigstellen unterhält und »den Islam verteidigt«, indem sie »Stätten der Sünde« wie zum Beispiel Karaokebars, Nachtclubs, aber auch Kirchen ohne offizielle Baugenehmigung attackiert. Andere Gruppen sind die *Majelis Mujahidin Indonesia* (»Rat der Indonesischen Glaubenskämpfer«) in Yogyakarta, dann die schon genannten Dschihadkämpfer, die Anfang Januar

2000 bei Yogyakarta gegründet wurden und mithilfe von Militärs nach Ambon übersetzten, um in den christlich-islamischen Bürgerkrieg einzugreifen. Ferner gibt es das »Forum der islamischen Gemeinde« (*Forum Umat Islam*) und die »Anti-Apostasie-Allianz« (*Aliansi Anti Pemurtadan*). Beiden richten sich spezifisch gegen Christen. Diese Gruppen stehen oft hinter Kampagnen gegen den Bau von Kirchen oder gewalttätigen Demonstrationen gegen Gottesdienste in nicht genehmigten Räumen.

Im April 2001 machte eine »Antikommunistische Allianz« (*Aliansi Antikomunis*)[10] dadurch auf sich aufmerksam, dass sie vor laufenden Fernsehkameras 18 »kommunistische« Bücher verbrannten[11] und Buchläden mit Säuberungen (*sweepings*) drohte, falls solche Werke nicht sofort verschwänden. Innerhalb von nur ein paar Stunden verschwanden »linke« Bücher aus allen Buchläden, sogar aus den großen Gramedialäden.[12] Dazu ist zu sagen, dass nach dem Sturze Suhartos auch Bücher wieder frei verlegt und verkauft werden konnten. Bald standen sowohl linke – allerdings keine direkt kommunistischen – Bücher als auch Bücher über linke Themen in den Buchläden. Nach den Aktionen der Antikommunistischen Allianz dauerte es allerdings ein volles Jahr, bis die

---

10 Hinter dieser Allianz stand die frühere Suharto-Staatspartei Golkar und Kreise des Militärs sowie einige extreme islamische Gruppen wie *Hisbullah Indonesia*.

11 Darunter auch mein zwei Jahre zuvor erschienenes Buch über Marx und Marxismus (»*Pemikiran Karl Marx: Dari Sosialisme Utopis ke Perselisihan Revisionisme*«, Gramedia 1999), das nicht »links«, sondern »über Linkes« war; die Aktion wurde auch von muslimischen Intellektuellen scharf kritisiert. Am Ende kamen die Anführer der Allianz mich besuchen, um im Wesentlichen zu erklären, dass sie alles nicht so gemeint hätten. Ich gab ihnen gezeichnete Exemplare des Buches mit der Bemerkung, man könne Bücher zum Einwickeln von Reis und zum Feuermachen gebrauchen, man könne sie aber auch lesen, was zu tun sie dann eifrig versprachen.

12 Eine Ausnahme machte nur das »Netzwerk des Liberalen Islams« (JILL) in seinem Hauptquartier Utankayu 68 in Jakarta, die wussten, dass sie notfalls Banser, die Milizen der NU, zu Hilfe rufen konnten.

Buchhandlungen sich wieder trauten, »linke« Literatur aufzustellen. Typisch ist auch der Hintergrund dieser Antikommunistischen Allianz. Das waren nicht nur ein paar extreme islamische Gruppen (wie die *Hisbullah Indonesia*), sondern dahinter stand Golkar, die frühere Suharto-Partei. Immer noch forderten Studenten öffentlich, sie müsse verboten werden. Um sich dagegen zu wehren, brachte Golkar das Antikommunistentrauma wieder hoch, eine Folge der antikommunistischen und antilinken Indoktrination der indonesischen Gesellschaft durch das Suharto-Regime. Ein beachtlicher Teil des extremen Islams in Indonesien ist nicht einfach so entstanden, sondern hat entscheidende Impulse aus dem Militär und dem politischen Establishment der Suharto-Jahre erhalten. Das zeigte auch der Beginn einer neuen Terrorismuswelle 1999.[13]

Die erste Bombe explodierte im April vor der großen Istiqlal Moschee in Jakarta. Binnen weniger Tage wurden die Bombenleger gefasst. Es waren Essensverkäufer vor der Moschee. Es wurde auch bekannt, in welchem Hause man ihnen die Bomben gegeben hatte. Aber dann hörte die Öffentlichkeit nichts mehr. Der Hausbesitzer und eventuelle andere Hinterleute wurden nicht belangt. Gerüchteweise gelangte jedoch an die Öffentlichkeit, dass es sich um eine bekannte islamische Persönlichkeit handle, und da ja niemand bei dem Anschlag ums Leben gekommen sei, bestünde kein Grund, weiter nachzuforschen. Da die Istiqlal Moschee direkt gegenüber der katholischen Bischofskathedrale liegt, ist es

---

13 »Neu« ist die Welle, weil es Anfang der 80er-Jahre schon einmal islamistischen Terror gegeben hatte, dessen Höhepunkte 1981 die Entführung der Woyla, eines Flugzeugs der zivilen Luftfahrtgesellschaft Merpati, nach Bangkok und die Bombardierung des Borobudur-Tempels 1985 waren. Die dahinterstehenden Terroristen stammen aus dem Umfeld der ehemaligen *Darul-Islam*-Aufständischen in Westjava in den 50er-Jahren. Es scheint aber inzwischen klar erwiesen sein, dass dabei der enge Suharto-Berater General Ali Murtopo mitgemischt hat.

nicht abwegig zu vermuten, dass der Verdacht auf Christen gelenkt werden sollte.

Dann kam der Weihnachtsabend 2000. Innerhalb von 60 Minuten detonierten in einem Gebiet, dass sich über 3.000 Kilometer und zwei Zeitzonen von Batam und Medan im Nordwesten bis zur Insel Lombok erstreckte, gute 30 Bomben in oder vor christlichen Kirchen. 17 Menschen starben,[14] über 100 mussten in Krankenhäusern ärztlich versorgt werden. Etwa zehn Bomben explodierten nicht. An zwei Orten explodierten die Bomben zu früh und verletzten die Terroristen. Innerhalb weniger Stunden riefen führende Muslime christliche und andere nicht islamische Religionsführer zusammen. Dazu zählte auch ich. Wir waren uns schnell einig, dass diese Bomben als Provokation gemeint waren, um die ostindonesischen Bürgerkriege zwischen Christen und Muslimen auch im übrigen Indonesien loszutreten. Es war offensichtlich: Die Weihnachtsbomben waren eine absolute logistische Spitzenleistung, die die Möglichkeiten islamistischer Terrorzellen weit überschreiten würde. Nur ein Netzwerk, das sich über ganz Indonesien erstreckte und Zugriff auf Explosivstoffe hat, wäre dazu in der Lage. Mehr musste nicht gesagt werden, zumal Präsident Abdurrachman Wahid damals drauf und dran war, endgültig die Macht des Militärs über die indonesische Politik zu brechen. Wir besuchten danach den nationalen Polizeichef, den Militärchef, Präsident Abdurrachman Wahid und Vizepräsidentin Megawati Sukarnoputri und trugen unsere Forderung vor. Die Anschläge müssten schnell und vollständig aufgeklärt werden. Interessant war der erste Satz, mit dem uns der damalige Koordinationsminister für Sicherheit, der spätere Präsident Susilo Bambang

14 Darunter ein Riyanto, ein junges Mitglied der Bansermilizen der NU vor der Kirche in Mojokerto in Ostjava. Dort bewachten islamische NU Bansermilizen christliche Kirchen. Riyanto fand eine Bombe am Kircheneingang, trug sie heraus und wurde zerrissen, als sie plötzlich explodierte.

Yudhoyono empfing: Es könnte, so sagte er, schwierig werden, die Anschläge aufzuklären, da möglicherweise »bekannte Persönlichkeiten« darin verwickelt seien. Tatsächlich wurden die Anschläge nicht untersucht. Erst nach den Bali-Attentaten 2002 (siehe unten) kam heraus, dass Ambrosi und Genossen, die Bali-Attentäter, auch bei einigen der Weihnachtsexplosionen in Jakarta die Hand im Spiel hatten. Das bedeutet aber, dass immer noch über 25 der Anschläge völlig ungeklärt sind. Bis heute ist es unmöglich, in Indonesien Militärs vor Gericht zu bringen. Polizei und Justiz versuchen es nicht einmal.

Im Oktober 2002 explodierten dann auf der hinduistischen Touristeninsel Bali drei Bomben, die 202 Todesopfer, darunter zahlreiche Australier, aber auch etwa 90 Indonesier, forderten. Da war Megawati schon Präsidentin. Und auf einmal änderte sich etwas. Indonesien akzeptierte ausländische, vor allem australische Hilfe zur Terrorbekämpfung. Innerhalb von nur einem Monat wusste man, wer die Bomben gelegt hatte und alle Verdächtigen konnten schließlich verhaftet werden. Drei von ihnen wurden zum Tode verurteilt und hingerichtet, die anderen erhielten langjährige Gefängnisstrafen. Die Attentäter stammten alle aus der islamistischen Extremistenszene. Dagegen scheinen unzufriedene Militärs keine Hand im Spiel gehabt zu haben. Die große islamische Mehrheit der indonesischen Muslime reagierte zunächst abwiegelnd, zum Teil mit völlig unwahrscheinlichen Verschwörungstheorien (der CIA habe eine neue Miniatombombe ausprobiert), dann mit der Unterscheidung, es handle sich um Terror durch Muslime aber nicht um muslimischen Terror. Aber mit der Zeit erkannten immer mehr Führer des islamischen *Mainstreams* an, dass die Terroristen islamistisch motiviert waren. Dazu scheint auch beigetragen zu haben, dass Vizepräsident Kalla, der als tadelloser Muslim bekannt ist, führende Muslime zu sich einbestellte und ihnen Filmaufnahmen von den Verhören der Terroristen vorführte, in denen diese offen und reuelos religiöse Gründe für ihre Taten nannten.

Nach 2002 kam es in Jakarta und noch einmal auf Bali zu islamistischen Terroranschlägen. Aber inzwischen ist ihre Zahl in Indonesien stark zurückgegangen. Die vorläufig Letzten fanden 2013 in Solo in Mitteljava und in Poso statt. Alle Anschläge wurden in kurzer Zeit aufgeklärt. Die Täter wurden verhaftet und, soweit sie die Gefangennahme überlebten, vor Gericht gestellt. Die indonesische Antiterroreinheit der Polizei, genannt *Densus 88*, hat in der Zwischenzeit zahlreiche Terrorzellen ausgehoben und sicher einige Anschläge verhindert. Indonesien gilt inzwischen international als eines der Länder mit der erfolgreichsten Terroristenbekämpfung.

9 Zehn Jahre SBY

In der allerersten direkten Wahl eines indonesischen Präsidenten im Jahre 2004 wurde der pensionierte General Susilo Bambang Yudhoyono, in Indonesien nur SBY genannt, im zweiten Durchgang zum fünften Präsidenten der Republik Indonesien gewählt. Fünf Jahre später schaffte er es bereits im ersten Durchgang mit 61 Prozent aller Stimmen und erfreute sich lange einer Zustimmungsrate von über 80 Prozent. Diese fiel in seinen letzten beiden Regierungsjahren stark ab, obwohl sie immer noch bei 60 Prozent lag. Ihm wurde Führungs- und Entscheidungsschwache vorgeworfen. Nicht völlig zu Unrecht, wie ich noch zeigen möchte. Aber in Wirklichkeit waren die zehn Jahre SBY eine für Indonesien überaus notwendige Zeit der inneren Befriedung und Konsolidierung.

Trotz internationaler Wirtschafts- und Finanzturbulenzen wuchs die indonesische Wirtschaft mit jährlichen Raten von 5,5 bis 6,5 Prozent. Die Zahl der Menschen in absoluter

Armut (mit einem Pro-Kopf-Tageseinkommen von höchstens 1 US-Dollar) sank von 15 Prozent auf 11 Prozent und liegt jetzt bei etwa 28 Millionen. Die Zahl der Armen und beinahe Armen (Personen mit einem Pro-Kopf-Tageseinkommen von 1½ US-Dollar oder weniger) ging von 60 Prozent auf 40 Prozent der Bevölkerung zurück – das sind aber immer noch gut 96 Millionen Menschen.

Eine besondere Leistung der Regierung SBY war eine friedliche Einigung mit der seit Jahrzenten aktiven Unabhängigkeitsbewegung in der Provinz Aceh (ausgesprochen Atschech). In der Folge jener furchtbaren Tsunamikatastrophe vom 26. Dezember 2004, der 180.000 Indonesier aus den Küstengebieten der Provinz Aceh im äußersten Nordwesten Sumatras zum Opfer fielen, konnte die Regierung Yudhoyono den seit 25 Jahren wütenden brutalen Kampf der Armee gegen die Unabhängigkeitsbewegung durch einen in Genf verhandelten Friedensvertrag beenden, in dem einerseits die Zugehörigkeit der Provinz Aceh zur Republik Indonesien anerkannt und ihr andrerseits ein besonderer Autonomiestatus zuerkannt wurde. Auch wenn es in Aceh, wie etwa im vergangenen Wahlkampf, immer noch gelegentlich zu politischen Gewalttaten kommt, herrscht dort im Allgemeinen Sicherheit. Seitdem gibt es in Indonesien keine bürgerkriegsähnlichen Zustände mehr. Ethnisch oder religiös motivierte Zusammenstöße – oft im Zusammenhang mit Wahlen auf Distriktebene, wo es manchmal um massive wirtschaftliche Interessen geht – sind immer lokal begrenzt. Eine Ausnahme bilden einige Gebiete im Inneren Papuas im äußersten Osten Indonesiens, wo es eine Unabhängigkeitsbewegung gibt, gegen die das Militär oft mit großer Brutalität durchgreift. Aber von diesen ganz wenigen Gebieten abgesehen kann man überall hinreisen, ohne sich besonders in Gefahr zu bringen. Auch die öffentlichen Transportmittel wie Flugzeuge und, auf Java, Züge bringen Menschen schnell ans Ziel. Das derzeitige System der indonesischen *Pancasila*-Demokratie wird von 80 bis 90 Prozent aller Indonesier akzeptiert und getragen, vor allem auch durch den Mainstream-Islam. In seiner Bedeutung nicht zu unterschätzen ist, dass die beiden repräsentativen islamischen Großorganisationen *Nahdlatul Ulama* (NU) und *Muhammdiyah* seit Langem erklärt haben, dass die jetzige politisch-rechtliche Ordnung Indonesiens für sie definitiv sei, auch deshalb, weil in ihr Muslime voll nach den Bestimmungen des Islams leben könnten.

Dennoch wuchs die Unzufriedenheit mit der Präsidentschaft SBYs vor allem in seiner zweiten Amtsperiode ständig. Im Land hatte man das Gefühl, auf der Stelle zu treten. Die Probleme würden nicht angepackt, der Regierung fehle der Mut, unpopuläre Entscheidungen zu fällen (so hat sich die Regierung nicht getraut, die völlig ausufernden Subventionen für Strom und vor allem Benzin zurückzunehmen, die derzeit etwa 19 Prozent des gesamten indonesischen Staatshaushaltes auffressen). Die Infrastruktur des Landes wurde nur langsam ausgebaut. Manche sehen eine Energiekrise voraus. Kritisiert wird auch, dass das Wirtschaftswachstum viel zu sehr auf dem Verkauf von Rohstoffen basiere. Die Abhängigkeit Indonesiens von Nahrungsmittelimporten wächst ständig, dabei wird kaum etwas zur Entwicklung der einheimischen Land- und Fischereiwirtschaft getan, von der noch etwa die Hälfte der indonesischen Bevölkerung lebt. Indonesien ist zwar Weltmeister im Palmölexport, aber die Verarbeitung findet in Malaysia und nicht in Indonesien statt, zumal die meisten Plantagen in Händen von Malaysiern liegen. Außerdem haben die Palmölplantagen große Urwaldflächen vernichtet und so der Umwelt schwere Schäden zugefügt. Überhaupt liegt die Ausbeutung indonesischer Naturschätze größtenteils in den Händen internationaler Konzerne. Inzwischen gibt es eine wachsende nationale Kritik an der viel zu billigen Verschleuderung von Bodenschätzen.

Religiöse Minderheiten spüren wachsende Intoleranz auf allen Ebenen, während umgekehrt Mainstream-Muslime sich in wachsendem Maße über den Einfluss eines vom Ausland einströmenden puritanisch-fundamentalistischen Islams Sorge machen. In bestimmten Gegenden Indonesiens, so vor allem in Westjava, auf Südsulawesi und in der Provinz Westsumatra wird es immer schwieriger, die Erlaubnis zum Bau von neuen Kirchen zu erhalten. Halten Gemeinden Gottesdienste zum Beispiel in Turnhallen ihrer Schulen oder in anderen nicht für den Gottesdienst bestimmten Räumen ab, werden sie oft durch islamische Mobs gezwungen, die Gottesdienste einzustellen. Sehr oft sind an solchen Aktionen die Milizen der schon genannten »Islamischen Verteidigungsfront« FPI beteiligt. Die Polizei tut sehr oft nichts, und lokale Behörden weigern sich aus opportunistischen Gründen, Bewilligungen auszustellen, obwohl alle Bedingungen erfüllt sind. International bekannt wurde der Fall der protestantischen Yasmin-Gemeinde in der westjavanischen Stadt Bogor. Der oberste indonesische Gerichtshof bestätigte in einem Entscheid ihr Recht zur Benutzung ihrer neu gebauten Kirche, doch der Bürgermeister von Bogor hat bis heute die Kirche versiegelt – und die Zentralregierung erklärt, sie sei nicht zuständig.

Sehr viel prekärer ist die Situation religiöser Gemeinschaften, die nicht zu den im Blasphemiegesetz von 1969 anerkannten sechs Religionen (Islam, Protestantismus, Katholizismus, Hinduismus, Buddhismus, Konfuzianismus) gehören. Eine Lehre verkünden, auch nur intern, die den Lehren einer dieser sechs Religionen widerspricht, ist nach diesem Gesetz *eo ipso* eine Blasphemie.

Lia Aminuddin, eine Muslimin, die in Jakarta eine Gemeinde namens »Garten Eden« (*Taman Eden*) mit etwa zehntausend Mitgliedern gründete, die glauben, dass Lia eine Inkarnation des Erzengels Gabriels und Maria der Mutter Jesu sei, kam zweimal über zwei Jahre ins Gefängnis. Hoch gefährdet sind auch die islamische *Achmadiyah* und die kleine indonesische Schiitengemeinde. Moscheen und sogar

Häuser beider Gemeinden wurden in Westjava, Ostjava, auf der Insel Lombok und der Insel Madura angegriffen, angezündet, es gab Tote, und Hunderte von Anhängern müssen seit Jahren in Lagern leben. Der (vor Kurzem wegen Korruptionsverdacht abgesetzte) Religionsminister erklärte, der einzige Weg zum Frieden sei die volle Anerkennung des sunnitischen Islam durch die beiden Gemeinschaften. Während das Existenzrecht der Christen in Indonesien auch von Extremisten nicht prinzipiell geleugnet wird, wird es den Achmadis und den Schiiten abgesprochen, was bedeutet, dass sie in ständiger Gefahr leben, physisch angegriffen zu werden. Christen und liberale Muslime werfen der Regierung Yudhoyono vor, nicht den Mut zu haben, das in der Verfassung klar verankerte Recht auf Glaubens- und Gottesdienstfreiheit dieser Gruppen zu schützen.

Das Hauptproblem, das die Regierung SBY ihrer Nachfolgerin hinterlassen hat, ist die grassierende Korruption der politischen Klasse. Obwohl eine seit zwölf Jahren eingesetzte Antikorruptionskommission (KPK) mit sehr großen Vollmachten schon 325 Provinzgouverneure und Bupatis entweder in Untersuchungshaft genommen oder verurteilt hat, geht die Käuflichkeit aller politischen Dienste ungebremst weiter. Keine Gesetzesvorlage wird vom Parlament behandelt, wenn das entsprechende Ministerium nicht unter der Hand bezahlt. Aus allen staatlichen Projekten versuchen Abgeordnete Gewinn zu erzielen. Politische Posten und, vor den Wahlen, Positionen auf den Wahllisten der Parteien gibt es nur gegen Geld. Der Ruf des Parlamentes im Lande ist miserabel. Die größte Gefahr für die Demokratie in Indonesien besteht darin, dass die Menschen die Nase voll haben zu sehen, wie diejenigen, die eigentlich die Interessen der Bevölkerung vertreten sollten, ihre Position nur dazu benützen, sich am Volkseigentum zu bereichern.

Die Situation Indonesiens am Ende der Ära Yudhoyono ist daher ambivalent. Noch ist Indonesien im Wesentlichen eine solide, relativ kohärente Gesellschaft mit einem hohen Identitätsbewusstsein. Aber religiöser Extremismus, wirtschaftspolitische Mediokrität und die noch nicht beherrschte Korruption könnten die demokratische, auf der Anerkennung der Menschenrechte basierende staatliche Ordnung gefährden.

Bevor ich am Ende dieses Buches auf die Frage nach den Zukunftsaussichten Indonesiens zurückkomme, möchte ich erst einen Rückblick auf seine Geschichte geben. Denn nur aus der Geschichte ist das heutige Indonesien wirklich zu verstehen.

Drittes Kapitel

Ein Staat entsteht

1 Indonesien in Zahlen

Die Republik Indonesien hat sich 1945 durch die Proklamation ihrer Unabhängigkeit konstituiert und umfasst den gesamten Bereich des ehemaligen Niederländisch-Ostindiens. Nach jahrelangen Unabhängigkeitskämpfen erreichte es 1949 die volle völkerrechtliche Anerkennung als souveräner Staat.

Indonesien besteht aus den etwa 1.500 bewohnten Inseln, die den Raum zwischen dem südostasiatischen Festland, den Philippinen und Australien füllen. Es erstreckt sich über eine Länge von 5.400 Kilometern von der Nordwestspitze Sumatras bis zum Süden von Papua (der indonesischen westlichen Hälfte der Insel Neuguinea). Es zählte im Jahre 2014 beinahe 254 Millionen Einwohner, die Bevölkerung wächst jährlich um 1,49 Prozent. 145 Millionen von ihnen leben allein auf den Inseln Java und Madura, die mit zusammen 132.000 m^2 weniger als die Hälfte der Bodenfläche der Bundesrepublik Deutschland ausmachen. In Indonesien werden mehr als 700 verschiedene Sprachen gesprochen. Die offizielle Nationalsprache, Indonesisch genannt, ist eine modernisierte Form des Malaiischen, das selbst nur von etwa vier Prozent aller Indonesier als Muttersprache gesprochen wird.

87,2 Prozent aller Indonesier bekennen sich, wenn auch in verschiedener Intensität, zum Islam, 9,8 Prozent zum Christentum, von denen zwei Drittel (17,5 Millionen) protestantisch und ein knappes Drittel (7,4 Millionen) katholisch sind. Außerdem gibt es knapp 4,3 Millionen Balinesen (1,7 %), die ursprünglichen Bewohner der Insel Bali, die einer indonesianisierten Form des Hinduismus angehören. Die übrigen vier

Millionen gehören dem Buddhismus (0,7 %) und Konfuzianismus (0,05 %) sowie ursprünglichen Stammesreligionen und anderen (0,55 %) an.[1] Etwa 2,5 Prozent aller Indonesier sind chinesischer Abstammung,[2] die Mehrzahl von ihnen bekennen sich zum Christentum, einige zum Islam, die übrigen zählen sich zum Buddhismus oder Konfuzianismus.

Die zahlenmäßig stärkste und kulturell bedeutendste Volksgruppe Indonesiens stellen die Javaner dar. Gut 40 Prozent aller Indonesier sind Javaner. Darunter versteht man die javanisch sprechenden ursprünglichen Bewohner des mittleren und östlichen Teils der Insel Java (während Westjava das Siedlungsgebiet der streng islamischen Sundanesen ist, der zweitstärksten Volksgruppe in Indonesien; an der ostjavanischen Nordküste, von Surabaya bis Jember, siedeln vor allem streng muslimische Maduresen, Bewohner der kleinen Insel Madura). Warum das so ist, soll ein kleiner Überblick über die indonesische Geschichte zeigen, ohne deren Verständnis die jetzige Situation kaum zu begreifen ist.

2 Vorgeschichte

Das indonesische Inselgebiet tritt im ersten Jahrhundert christlicher Zeitrechnung aus dem Dunkel der Vergangenheit in den Horizont der Geschichte ein. Damals müssen rege Handelsbeziehungen zu Indien bestanden haben. Über zahlreiche kleinere Fürstenhöfe breitet sich religiöses Gedanken-

1 Die Angaben basieren auf den Daten des *Badan Pusat Statistik* (Zentralstelle für Statistik) für 2010.

2 Seit der indonesischen Unabhängigkeit gibt es keine Statistiken über den Anteil chinastämmiger Indonesier. In der letzten niederländischen Volkszählung 1931 waren 2,2 % aller Indonesier chinesischer Abstammung. Eine Berechnung aus dem Jahre 1961 schätzt ihren Anteil auf 2,5 %. Als in der Volkszählung 2010 zum ersten Mal wieder nach der Stammeszugehörigkeit gefragt wurde, gab nur 1 % an, chinesischer Abstammung zu sein.

gut aus Indien über weite Gebiete des indonesischen Inselreiches aus, insbesondere über Sumatra, entlang der Küsten Kalimantans (Borneos) und über Java. Ab der Mitte des ersten Jahrtausends finden wir zwei bedeutende politische Zentren im indonesischen Raum: ein siwaistisches Reich mit seinem Schwerpunkt in Mitteljava und die buddhistische Seemacht Sriwijaya mit der Hauptstadt in der Gegend des heutigen Palembang auf Sumatra. In Sriwijaya müssen, wie wir aus Berichten chinesischer Pilger wissen, jahrhundertelang berühmte buddhistische Klöster mit angeschlossenen Studienstätten existiert haben. Einmal, gegen Ende des 8. Jahrhunderts, herrschte die buddhistische Sailendra-Dynastie für 50 Jahre auch auf Java und baute in dieser kurzen Zeit den Borubudur, eines der prachtvollsten buddhistischen Baudenkmäler der Welt.

Im 10. Jahrhundert verschiebt sich für die folgenden 600 Jahre das politische Schwergewicht von Mittel- nach Ostjava. Sriwijaya verliert an Bedeutung und verschwindet schließlich. Am Ende des 13. Jahrhunderts entstand in Ostjava das mächtige Majapahit-Reich, das sich die meisten Fürsten im indonesischen Inselreich bis nach Kambodscha tributpflichtig machte. Inzwischen hatte eine eigenartige Javanisierung der indischen Religionen auf Java stattgefunden. Offizielle Religion war der Shiwaismus, aber auch Wisnu wurde verehrt und der über Sumatra eingedrungene Buddhismus synkretistisch integriert. Die klassischen indischen Epen des Ramayana und Mahabharata wurden javanisiert und sind bis heute auf Java und Bali im Medium des *wayang*-Schattenspiels lebendig geblieben. Die übernommenen indischen Religionsformen wurden immer mehr zum Vehikel ursprünglich javanischer Vorstellungen umgestaltet. Java erlebte eine hohe kulturelle Blüte, es entstand eine alt- und mitteljavanische Literatur; die Ruinen zahlreicher steinerner Tempel, oft mit prachtvollen Skulpturen verziert, sind noch heute Zeugen dieser Zeit. Java bildete das Zentrum des indonesischen Inselraumes.

Zur gleichen Zeit aber hielt eine neue Macht Einzug in die südostasiatische Arena. Während einige nestorianische Christengemeinden, die vermutlich im 7. Jahrhundert entstanden sind, wieder verschwanden, breitete sich der Islam, von Nordsumatra ausgehend, langsam nach Süden aus. Schon vor dem Jahre 1000 entstanden muslimische Gemeinden in Aceh, dem nördlichsten Teil von Sumatra. Aceh wurde zur »Veranda Mekkas« und ist bis heute das am vollständigsten islamisierte Gebiet Indonesiens geblieben. Die Malaien, Seefahrer, die die Küsten Malaias, Sumatras und Kalimantans besiedelten, nahmen den Islam an. Auch Sulawesi (Celebes), die nördlichen Molukken und die südphilippinischen Inseln wurden islamisiert. In Westsumatra wandelten sich Minangs unter Beibehaltung ihrer alten mutterrechtlichen Traditionen zu strengen Muslimen. Im 15. Jahrhundert entstand das Sultanat Malakka auf der Halbinsel Malaia, wo sich bald eine starke Kolonie javanischer Seefahrer bildete. Der Islam begann, sich auf Kosten des Majapahit-Reiches an Javas Nordküste festzusetzen. Diese gesamte Entwicklung verlief im Wesentlichen friedlich. Man nimmt an, dass sie mit islamischen Händlern des indischen Gutscherats begann, doch sind auch chinesische Einflüsse nachweisbar. Anfang des 16. Jahrhunderts ging das hindu-javanische Majapahit-Reich endgültig unter. An Javas Nordküste bildeten sich einige, teilweise bedeutende Sultanate. Java wurde damit islamisch. Die letzte hindu-javanische Herrschaft hielt sich im äußersten Südosten Javas bis zum Anfang des 18. Jahrhunderts. Danach überlebte die hindu-javanische Kultur nur noch auf Bali, wohin sich die letzten javanischen Hindus zurückzogen, sowie in den Dörfern der Tenggeresen rund um den ostjavanischen Vulkan Brahma oder Bromo.

Doch die Blütezeit der nordjavanischen Küstensultanate währt nur ein Jahrhundert lang. Im 17. Jahrhundert schwang sich das im südlichen Binnenland Mitteljavas, in der Nähe des heutigen Yogyakarta gelegene Sultanat Mataram zur (neben dem sundanesischen Sultanat Banten in Westjava) führenden Macht in Java auf. In mehreren Feldzügen zerschlugen die Herrscher von Mataram die Macht der stärker islamisierten Küstenstädte.

Damit verlor Java seine politische und kulturelle Orientierung zur See (auf der die Niederländisch-Ostindische Kompanie immer stärker wurde und schließlich den gesamten Handel im indonesischen Inselbereich an sich riss) und konzentrierte sich nach innen. Obwohl formal muslimisch, nahmen die Sultane von Mataram die alten hindu-javanischen Traditionen wieder auf. Arabische Namen waren verpönt, das religiöse Bewusstsein war durch javanische Esoterik und hinduistisch beeinflussten Monismus bestimmt. Die Ulamas, die islamischen Schrift- und Rechtsgelehrten, wurden scharf am Zügel gehalten und fielen mehreren Hinrichtungswellen zum Opfer.

Von dieser Zeit an bildeten sich die beiden bis heute für die javanische Gesellschaft typischen Ausprägungen des Islams heraus. Etwa 30 Prozent, *santri* genannt, lebten bewusst nach den Forderungen des Islams. Sie finden sich vor allem in den Städten der javanischen Nordküste, sodann innerhalb der Fürstenstädte in den Kampungs (Wohnbezirken) rund um die Hauptmoschee, sowie auf dem Land in bestimmten Dörfern, oft im Umkreis einer *pesantren*: Damit ist eine klosterartige islamische Schülergemeinschaft gemeint, die sich um einen frommen, angesehenen Muslimgelehrten (*kiyai*) bildet. Aber der größere Teil der javanischen Gesellschaft ließ sich nur oberflächlich islamisieren. Die islamische Pflichtenlehre wurde praktisch nicht eingehalten, vielfach war sie unbekannt oder galt als typisch *santri*. Kulturell hat man sich nicht am Propheten Mohammed, seinen Gefährten, und den neun *walis* orientiert, die der Legende nach den Islam nach Java gebracht haben, sondern am *wayang*-Schattenspiel, dessen Stücke den indischen Epen Ramayana und Mahabharata entnommen sind. Diese javanisch-islamische Volksreligion fand ihre Unterstützung in der stärker hindu-javanisch als islamisch orientierten politischen Elite, die aus dem (durch Abstammung vom Sultan bis in die siebte Generation bestimmten) Adel und den Mitgliedern der Verwaltungsoberschicht, den *priyayi*, besteht. Vor allem aus diesen Schichten werden sich nach der Unabhängigkeit die Anhänger der Nationalpartei (PNI) und der Kommunistischen Partei (PKI), aber auch die Christen rekrutieren.

Fast unbemerkt von den einheimischen javanischen politischen Kräften hatte im Jahre 1606 eine fremde Macht ihren Fuß auf Java gesetzt und bei Jakarta ein Fort und eine Handelsniederlassung gegründet mit Namen Batavia: die Niederländisch-Ostindische Kompagnie (VOC). Zunächst ging es der VOC nur darum, den Portugiesen den Gewürzhandel abzujagen. Dabei gelang es ihr, zugleich den uralten, von Malaien, Javanern und Buginesen beherrschten Seehandel zwischen den südostasiatischen Inseln, also Indien und China, immer mehr an sich zu reißen und zu zerstören. Ständige Erbstreitigkeiten javanischer Fürsten, die im Lauf des 17. bis 19. Jahrhunderts zur Aufteilung von Mataram in die vier Fürstentümer von Surakarta (Solo) und Yogyakarta führten, hatten zur Folge, dass sich die VOC immer mehr in innerjavanische Angelegenheiten einmischte. Ende des 18. Jahrhunderts beherrschte die VOC praktisch ganz Java, ohne die formelle Existenz der restlichen javanischen Fürstentümer anzutasten. Als die VOC im Jahre 1798 bankrottging, übernahm der holländische Staat deren Gebiet offiziell als Kolonie *Nederlands-Oostindie*. Durch den Tausch holländischer Besitzungen auf Sri Lanka gegen das britische Bengkulu auf Sumatra, durch die Besetzung Acehs im Norden von Sumatra nach einem 40 Jahre langen blutigen Krieg Ende des 19. Jahrhunderts sowie durch die Besetzung Balis im Jahre 1904 erreichte das holländische Kolonialreich seine definitive Ausdehnung.

3 Eine Nation entsteht

Um das Entstehen der indonesischen Nation zu verstehen, sind zwei Daten von entscheidender Bedeutung: der 28. Oktober 1928 und der 17. August 1945.

Im Oktober 1928 trafen junge Männer und Frauen aus ganz Indonesien in dem damals noch Batavia genannten Jakarta zusammen, Javaner, Sumatraner, Jugendliche aus Sulawesi, Ambon und sogar zwei Männer aus Papua, die Mehrzahl von ihnen Muslime, aber auch Protestanten, Katholiken und ethnische Chinesen. Am Ende des Kongresses vereinigten sich alle Anwesenden in einem Schwur, der als Jugendschwur (*Sumpah Pemuda*) in die indonesische Geschichte einging: »Wir, Söhne und Töchter Indonesiens bekennen uns zu einer Heimat, Indonesien, zu einer Nation, der indonesischen, und unterstützen eine Sprache, die indonesische.« Der Kongress endete damit, dass die jungen Indonesier zusammen *Indonesia Raya* sangen, »groß (ist) Indonesien«, ein Lied, das später zur Nationalhymne avancierte und von einem jungen Christen, Wage Rudolf Supratman, zwei Jahre zuvor komponiert worden war.

Zwei Dinge an diesem Ereignis entpuppten sich für Indonesiens Zukunft als entscheidend. Das erste war die Wahl der indonesischen Sprache. Die Mehrheit der Kongressteilnehmer waren Javaner. Da die javanische Sprache eine uralte Kultursprache ist und von 42 Prozent aller Indonesier gesprochen wird, also mit Abstand die am weitesten verbreitete Sprache in Indonesien ist, hätte es nahegelegen, das Javanische zur indonesischen Sprache zu erklären. Stattdessen wählte der Kongress das Malaiische, das von weniger als fünf Prozent aller Indonesier als Muttersprache gesprochen wird, allerdings als eine Art *Lingua franca* im indonesischen Inselreich schon immer verbreitet war. Hätte der Kongress das Javanische gewählt, so wäre aus Indonesien wohl Großjava geworden und so vielleicht die Gründung gescheitert.

Schon die zweitgrößte Volksgruppe in Indonesien, die Sundanesen, die Bevölkerung Westjavas, hätten das Javanische nie akzeptiert. Indonesien erhielt damit eine nationale Sprache, die keine hegemonialen Ambitionen stützte, sich als anpassungs- und entwicklungsfähig erwies und als moderne Sprache geeignet war.

Als Zweites fällt ins Auge, dass sich bereits im Jugendschwur, 17 Jahre bevor Sukarno und Hatta die Unabhängigkeit Indonesiens proklamierten, ein indonesisches Nationalbewusstsein gebildet hatte, dass also das indonesische Nationalbewusstsein der Bildung des indonesischen Staates vorausging, was für die Zukunft Indonesiens eine entscheidende Bedeutung hatte.

Es lassen sich, etwas vereinfacht, zwei Sorten von Nationalgefühl unterscheiden. Das Erste ist der völkische Nationalismus: Ein durch Sprache und Tradition geeintes Volk bildet einen Staat, wie zum Beispiel Polen, die beiden Koreas und natürlich auch früher Deutschland. Das Zweite ist häufiger: Da besteht der Staat aus vielen Sprach- und Traditionsgemeinschaften, die erst aufgrund politischer Entwicklungen, zum Beispiel einer kolonialen Oberherrschaft, zu einem Staat geworden sind. In solchen Staaten muss das Bewusstsein, ein Volk zu sein, durch die herrschenden Eliten von oben in die Bevölkerung gleichsam eingeimpft werden. Sehr oft – etwa in Myanmar oder Sri Lanka – ist die gewählte Nationalsprache auch zugleich Symbol und Mittel der politischen Hegemonie der herrschenden Ethnie, während die anderen sich benachteiligt und manchmal auch unterdrückt oder sogar vergewaltigt fühlen.

Dass die indonesische Inselwelt mit ihren Hunderten verschiedener Ethnien, darunter auch großen wie den Javanern, Sundanesen, Maduresen, Minangkabau, Buginesen usw., zu einem Indonesien geworden sind, verdankt sie unbestrittenerweise der Tatsache, dass sie durch die niederländische Kolonialherrschaft vereinigt wurden. An sich schafft Herrschaft noch keine innere Einheit. Aber in Niederländisch Indien führte die gemeinsame Erfahrung der kolonialen Unterdrückung zu dem, was Sukarno, Ernest Renan zitierend, *le desir d'être ensemble*, »das Verlangen, zusammen zu sein« genannt hat.[3] Daher musste, als Indonesien 17 Jahre nach dem Jugendschwur tatsächlich als Staat der Indonesier in die Welt trat, der Staat beziehungsweise die Regierung nicht erst ein Nationalbewusstsein in die Bevölkerung schaffen. Die Menschen in Indonesien fühlten sich als Indonesier, ein Gefühl, das durch den auf die Unabhängigkeitserklärung folgenden vierjährigen Befreiungskampf gegen die Holländer noch verstärkt wurde. Der Ausdruck »wir sind alle Indonesier« hat noch heute eine starke emotionelle Kraft. Dieses Nationalgefühl ist wohl auch der Grund, weshalb es in Indonesien – abgesehen von den beiden Problemprovinzen Aceh in der Nordwestecke Sumatras und Papua im Osten, sowie von dem kurzen Kampf für eine »Republik der Südmolukken« 1950 – keine separatistischen Bestrebungen gab.

Als offiziellen Beginn ihrer nationalen Bewegung (*pergerakan nasional*) setzten die Indonesier das Jahr 1908 an. In diesem Jahr wurde die Organisation *Budi Utomo* (»edler Geist«) zur Förderung javanischer Kulturideale gegründet – noch war sie unpolitisch. Dann ging es Schlag auf Schlag. 1912 entstand der *Sarekat Islam* (»Islamischer Verbund«), der zunächst javanische Handelsinteressen gegenüber den Chinesen durchsetzen wollte, sehr schnell aber zur ersten einheimischen politischen Organisation in der niederländischen Kolonie wurde. Im gleichen Jahr entstand die Muhammadiyah-Organisation (siehe Kapitel 6). Zehn Jahre später

3 Ich zitiere hier aus der berühmten »*Pancasila*-Rede« Sukarnos vom 1. Juni 1945, wo er den indonesischen Nationalismus unter Bezug auf Renan erklärt; Sukarno zitiert zustimmend gleich danach Otto Bauer auf Deutsch: »Eine Nation ist eine aus Schicksalsgemeinschaft erwachsene Charaktergemeinschaft«.

spalteten sich die Kommunisten als *Partai Komunis Indonesia* (PKI, »Indonesische Kommunistische Partei«) vom *Sarekat Islam* ab. Nach einem missglückten Aufstandsversuch auf Sumatra im Jahre 1926 wurden die Kommunisten von den Holländern unterdrückt und fielen bis nach der Niederlage der Japaner als politische Kraft in Indonesien aus. Doch nahm in der Zwischenzeit die nationale Bewegung ständig zu. 1923 trennten sich die javanischen Katholiken von der holländisch gefärbten *Katholieke Partei* und bildeten den *Perkempalan Katolik* (»Katholischer Bund«), aus dem wenig später die *Partai Katolik* (»Katholische Partei«) wurde. 1926 gründeten ostjavanische *kiyais*, charismatische Leiter islamischer Internatsschulen (siehe Kapitel 6), die *Nahdlatul Ulama* (NU), die heute mit etwa 40 Millionen Mitgliedern die größte islamische Organisation der Welt ist. Dass sich das »Erwachen« (*kebangkitan*) des indonesischen Islams als Teil des »nationalen Erwachens« vollzog, war für die Zukunft Indonesiens von größter Bedeutung. Es hieß nämlich, dass sich die indonesischen Muslime immer als Indonesier und daher auch dem indonesischen Staat verbunden fühlten. So konnten sie unbefangen auch zu Hindus und Christen als Indonesiern gute Beziehungen aufnehmen.

4 Ein *Pancasila*-Staat

Im Januar 1942 landeten die Japaner in Indonesien. Zum Erstaunen der indonesischen Bevölkerung brach das mächtige holländische Kolonialreich innerhalb weniger Wochen zusammen. Eine neue Zukunft hatte begonnen. Im Rahmen seiner Strategie eines Großasiens förderten die japanischen Besatzer verschiedene politische Gruppierungen im Lande und bildeten militärische indonesische Hilfstruppen für die Zukunft aus. Als sich 1945 ihre Niederlage im Pazifischen Krieg abzeichnete, gaben die Japaner den indonesischen politischen Führern grünes Licht für die Vorbereitung einer möglichen Unabhängigkeit des Landes.

Bald zeigte sich, dass unter den indonesischen Politikern sehr unterschiedliche Ansichten über die Form eines unabhängigen Indonesiens existierten. Da gab es Anhänger eines an westlichen Modellen orientierten Verfassungsstaates mit ausdrücklicher Sicherstellung demokratischer Grundrechte; andere befürworteten eine an einheimischen kommunalen Modellen orientierte Dorfdemokratie; wieder andere eine an integralistischen faschistischen Führerideen ausgerichtete Staatsform.

Besonders schwer wog der Gegensatz zwischen der sogenannten Islamgruppe, die den Islam, also die indonesische Mehrheitsreligion, zur Grundlage des neuen Staates machen wollte, und den vor allem javanisch orientierten Nationalisten, die einen weltanschaulich neutralen Nationalstaat anstrebten. Die Gegensätze in der 1945 von den Japanern eingesetzten »Körperschaft zur Untersuchung der Bemühungen für die Unabhängigkeit Indonesiens« (*Dokuritsu Zyunbi Cosakai*, BPUPKI) schienen unüberbrückbar. In dieser Situation hielt Sukarno, der junge Anführer der Nationalisten, am 1. Juni 1945 vor den versammelten Mitgliedern der BPUPKI eine Rede, in der er fünf Prinzipien als Grundlage des indonesischen Staates vorschlägt: Nationalismus, Internationalismus, Demokratie, soziale Gerechtigkeit und der Glaube an Gott. Er nennt diese fünf Prinzipien *Pancasila* (ein Sanskritwort, das »fünf Säulen« bedeutet). Seine Rede erhält großen Beifall von allen Anwesenden. Die beiden Seiten sind prinzipiell bereit, die *Pancasila* als weltanschauliche Grundlage des Staates zu akzeptieren. An ihrer genaueren Formulierung wird gearbeitet. Den Muslimvertretern wird zunächst zugestanden, dass das Prinzip »Glaube an Gott«, das an die erste Stelle rückt, um den Zusatz erweitert wird »mit der Verpflichtung zur Einhaltung der islamischen Scharia(-Gesetzgebung) für dessen Anhänger«.

Dieser Zusatz[4] ist, benannt nach seiner Länge auf Indonesisch, als »die sieben Worte«, in die Landesgeschichte eingegangen.

Am 17. August 1945, einen Tag, nachdem Japan alle Kampfhandlungen eingestellt hatte, rufen der Javaner Sukarno und der Sumatraner Mohammad Hatta in Jakarta die Unabhängigkeit Indonesiens aus. Dieser 17. August gilt als Beginn des indonesischen Staates und wurde zum indonesischen Nationalfeiertag. Am nächsten Tag nahm die verfassunggebende Versammlung eine in den vorausgegangenen Monaten ausgearbeitete Verfassung, die als vorläufig verstanden wurde, an. Sie enthielt in der Präambel die fünf Prinzipien der *Pancasila*, und zwar mit einer entscheidenden Veränderung. Um der Einheit des Vielvölkerstaates willen und um von Anfang an keine Diskriminierung der nicht islamischen Minderheiten zuzulassen, beschließt die verfassunggebende Versammlung[5] einstimmig, den oben genannten Zusatz, die Scharia betreffend, zu streichen. Damit lautet die endgültige Form der *Pancasila*, wie sie in der Einleitung der indonesischen Verfassung steht: »(Glaube an) das Eine Göttliche, Achtung vor dem Menschen in Gerechtigkeit und Kultiviertheit, Einheit Indonesiens, Volksherrschaft, geleitet durch die Weisheit gemeinsamer Beratung/Vertretung und soziale Gerechtigkeit für das ganze indonesische Volk.«

Ich bin auf die *Pancasila* etwas ausführlicher eingegangen, weil sich hinter ihren, in deutscher Übersetzung schwerfälligen Formulierungen ein Vorgang verbirgt, der für die Entwicklung Indonesiens von größter Bedeutung war und dessen sich die Indonesier sehr bewusst sind: der Grundkonsens, dass Indonesien allen Indonesiern gehört, gleich welcher

---

4 »*... dengan kewajiban menjalankan syari'at Islam bagi pemeluk-pemeluknya.*«

5 Die Panitia Persiapan Kemerdekaan Indonesia, das »Vorbereitende Komitee der Unabhängigkeit Indonesiens«.

religiösen (und *per implicationem* kultureller und ethnischer) Identität sie sind. Indonesien ist also kein Islamstaat. Das soll der Ausdruck »(Glauben an) das Eine Göttliche« zeigen. Daher wurde der Bezug auf die islamische Scharia wieder herausgenommen. Daher wurde auch nicht »Allah«, sondern das Malaiische »Tuhan« für Gott benützt, und nicht einmal einfach nur »Tuhan« (Gott, Herr), sondern das Wort »Ketuhanan«, also »was mit Gott zu tun hat«. Damit wurden implizit auch nicht abrahamistische Gottesverständnisse anerkannt.

Für ein Land, dessen Bevölkerung zu fast neun Zehnteln in irgendeiner Form dem Islam anhängt, ist das gewiss eine außerordentliche Grundsatzentscheidung. Auffallend ist auch, dass der gesamte Verfassungstext ohne jeden Bezug auf den Islam und ohne jegliche Benützung islamischer Ausdrücke formuliert wurde, weshalb aus ihr nicht zu erkennen ist, dass der Islam die Mehrheitsreligion der Indonesier darstellt. Die indonesischen Gründerväter, die mehrheitlich Muslime waren, wollten einen Staat, in dem sich alle Indonesier zu Hause fühlen konnten, ohne zwischen den religiösen Überzeugungen zu unterscheiden.[6]

---

6 Die Frage wird immer wieder gestellt, ob das auch für Atheisten gilt. Im Oktober 2008 wurde in Payakumbuh in Westsumatra ein junger Mann wegen Religionsbeleidigung zu zwei Jahren Gefängnis verurteilt. Geboren als Muslim hatte er sich als Atheist geoutet, es gab einen Auflauf, er wurde verprügelt und gerichtlich verurteilt – die Schläger gingen frei aus. Das Problem wird noch explosiver durch die Vernichtung und Ächtung der Kommunisten nach 1965, die immer wieder mit dem Hinweis auf den Atheismus im Marxismus-Leninismus gerechtfertigt wurde. Für den normalen Indonesier ist ein Atheist etwas Dunkles, Unheimliches, was mit dem Kommunismus zu tun hat. Dennoch vertreten viele Indonesier die Ansicht, dass die *Pancasila* jedwede Diskriminierung aufgrund weltanschaulicher Überzeugungen verbietet. So zum Beispiel *high profile* der frühere Chef der Muhammadiyah Prof. Achmad Syaffi Maarif. Klugerweise wurde bisher noch nie die Frage vor das Verfassungsgericht gebracht, ob ein bekennender Atheist wirklich alle verfassungsmäßigen Bürgerrechte besitzt oder nicht.

Natürlich kam es später immer wieder zu Diskriminierungen von Minderheiten, erst recht seit dem Beginn der inneren Islamisierung unter Suharto (siehe unten). Aber im Prinzip bleibt das Nichtdiskriminierungsgebot bis heute unangetastet. Nichtmuslime bekleiden immer wieder hohe Positionen im Staat, in der Zivilverwaltung, im Militär, an den staatlichen Universitäten oder im Gerichtswesen. So war zum Beispiel Amir Sjarifuddin Harahap[7] – von 1947 bis 1948 der zweite Ministerpräsident der indonesischen Revolutionsregierung – protestantischer Christ.

Dagegen blieb die Streichung der »sieben Worte« aus der *Pancasila* lange Zeit eine Wunde im Gefühl orthodoxer Muslime. Die 1955 gewählte verfassunggebende Versammlung konnte sich auch deshalb nicht auf eine neue Verfassung einigen, weil die islamische Minderheit (islamische Parteien hatten in den Wahlen 1955 nur 42 Prozent aller Stimmen erhalten) auf der Wiedereinsetzung der »sieben Worte« bestand. 1959 löste Präsident Sukarno schließlich die verfassungsgebende Versammlung auf.

Nach der Verabschiedung der Verfassung am 18. August 1945 wählten die Mitglieder der Versammlung Sukarno zum ersten Präsidenten der Republik und Mohammad Hatta zum Vizepräsidenten. In der politischen »Mythologie« Indonesiens verkörpert die Zwei-Einheit (*Dwi Tunggal*) dieser sehr unterschiedlichen Persönlichkeiten, die beide als prominente Unabhängigkeitskämpfer akzeptiert waren, die nationale Einheit. Als 1957 ihre Differenzen so groß wurden, dass Hatta zurücktrat, sahen viele Indonesier darin einen Vorboten für gefährliche Entwicklungen. Aber damit greife ich vor.

---

7 Er outete sich 1948 als Kommunist und wurde in der Folge der Niederschlagung des kommunistischen Madiun-Aufstandes im Dezember 1949 erschossen.

Viertes Kapitel

Tradition und Moderne: Die javanische Kultur

1 Indonesien und javanische Kultur

Bevor ich die Entwicklung Indonesiens nach seiner Unabhängigkeitserklärung skizziere, möchte ich einen Blick auf die Landeskultur werfen. Denn diese Kultur macht vieles in der indonesischen Geschichte überhaupt erst verständlich. Zwar sind für die Entwicklung eines Landes Geografie, Klima, politische und wirtschaftliche Strukturen bestimmend. Aber ohne die Kultur der Menschen eines Landes zu verstehen, werden wir seine Geschichte auch nicht verstehen. Die Kultur ist der Hintergrund, von dem her sich Menschen einer bestimmten geografischen Einheit her verstehen, von der her sie auch bestimmen, was Fortschritt und Rückschritt, Stärke und Schwäche, und eben auch Gutes und Böses bedeuten.

Für die indonesische Kultur gilt, was der Wahlspruch Indonesiens *Bhinneka Tunggal Ika* ausdrückt: Einheit in Verschiedenheit. Es gibt in Indonesien viele hundert Sprachen und ebenso viele, teils sehr unterschiedliche Kulturen. Wenn ich in diesem Kapitel die javanische Kultur herausgreife, dann aus zwei Gründen. Erstens bilden, wie schon erwähnt, die Javaner mit Abstand die stärkste Sprachgruppe in Indonesien. Etwa 42 Prozent aller Indonesier sprechen von Haus aus Javanisch. Heute sind das also etwa 105 Millionen Menschen. Ursprünglich sind Javaner die Bewohner des mittleren und östlichen Teiles der Insel Java. Auch ein Teil der Menschen, die in der Provinz Banten, im Nordwesten Javas, wohnen, sind Javaner. Ansonsten sind die ursprünglichen Bewohner des westlichen Teiles Javas Sundanesen, mit einer eigenen, der javanischen nahe verwandten Sprache. Die Nordküste Ostjavas wird von Maduresen bewohnt, den ursprünglichen Bewohnern der kleinen Insel Madura nordöstlich von Surabaya. Javaner stellen heute auch die Mehrheit der Bewohner des südlichen Sumatras, die vor Jahrzehnten aus dem übervölkerten Java transmigriert sind.

Der zweite Grund berührt ein in Indonesien ein heikles Thema, und es ist *politically incorrect*, das auszusprechen. Nämlich, dass die Javaner immer eine gewisse kulturelle und politische Hegemonie im neuen Indonesien innegehabt haben. Außer Bacharuddin Jusuf Habibie (dessen Mutter allerdings Javanerin war) waren bisher alle Präsidenten Indonesiens Javaner. Vor allem unter Suharto war die javanische Einfärbung der indonesischen Machtstrukturen unübersehbar. Suharto erklärte sogar einmal, man könne den Geist der *Pancasila* nicht verstehen, wenn man nicht *HoNoCoRoKo* verstehe, das javanische Alphabet, in dem jeder Buchstabe eine esoterische Bedeutung hat. Gerade wegen der fortbestehenden De-facto-Hegemonie des Javanischen unter dem gestürzten Diktator Suharto hüten sich im heutigen Indonesien die Javaner, das Thema anzurühren, während Nichtjavaner stets betonen, dass Indonesien nichts mit javanischer Kultur zu tun habe.[1]

Aber natürlich sind Javaner, und damit die javanische Kultur, immer noch von besonderem Einfluss in Indonesien. Und trotz beachtlicher Verschiedenheiten sind grundlegende Elemente der javanischen Kultur auch in den meisten

1 2013 legte sich die Golkar-Partei, die ehemalige politische Maschine Suhartos, auf Aburizal Bakrie, einen Großunternehmer aus dem sumatranischen Lampung, als Präsidentschaftskandidaten fest für die eben stattgefundene Präsidentenwahl (2014); bis zuletzt lehnten wichtige Teile diese Festlegung mit dem Argument ab, ein Nichtjavaner könne in Indonesien keine Präsidentschaftswahl gewinnen. Am Ende reichte es ihm, und damit Golkar, nicht einmal für eine offizielle Kandidatur.

anderen indonesischen Kulturen vorhanden. Deshalb möchte ich hier wichtige Elemente des javanischen Weltbildes darstellen, die mir hilfreich erscheinen, um zu verstehen, was in Indonesien vor sich geht. Es sei aber noch einmal betont: Zwar ist die javanische Kultur sehr einflussreich, sie darf aber keineswegs sozusagen als *die* indonesische Kultur angesehen werden.

Ich werde zunächst das ursprüngliche javanische Weltbild skizzieren, das heute nur noch eine subkutane Verständnisfolie sein dürfte, stelle dann die immer noch dominierende javanische Harmonieethik dar, um schließlich das Verständnis von politischer Macht zu erläutern, das immer noch erhellende Einsichten in die javanische Politik bringt.

2 Struktur des javanischen Weltbildes

Wie für viele, und sicher alle ursprünglichen Gesellschaften in Indonesien, gilt auch für die Javaner[2]: Die Welt ist voller Geister. Diese Geister können an bestimmten Orten wohnen, zum Beispiel auf dem Friedhof. Fast jedes Dorf hat einen heiligen Ort, *pundèn* genannt, wo vielleicht ein großer Stein liegt oder eine Quelle entspringt, an dem der Dorfgeist (*danyang*) wohnt, von dem man Schutz erwartet. Immer noch populär ist die Reisgöttin Sri, die auch in der Ehe Fruchtbarkeit spendet. Vor allem im Süden der Insel Java werden Rattenplagen oder Unfälle beim Spielen am Meer der Göttin der Südsee (gemeint ist der Indische Ozean), *Ratu Kidul*, zugeschrieben, von der gesagt wird, dass sie sich manchmal zum Merapi Vulkan im Norden von Yogyakarta begibt und dass die früheren Könige von Mataram (Yogyakarta) mit ihr

2 Die folgenden Ausführungen basieren auf meinem Buch *Javanische Weisheit und Ethik. Studien zu einer östlichen Moral* (München/Wien: Oldenbourg 1981).

mystischen Umgang gehabt hätten. Aber auch von der vor wenigen Jahren neu gebauten Bibliothek meiner Hochschule in Jakarta sagen einige Philosophenkollegen, dass es da Geister gebe. Geisterglaube ist auch heute noch lebendig. Mit den Geistern muss man sich arrangieren. Geister stimmt man durch Blumen-, Geld- oder kleine Speiseopfer günstig. Es gibt hilfreiche Sprüche für gefahrvolle Situationen, Talismane, die Schutz gewähren, und Tabus, die zu beachten sind. Zu numinos aufgeladenen Orten macht man Wallfahrten, um sich dort innere Kraft zu holen.

Dahinter steht, meist nicht ausdrücklich erinnert, die grundlegende Auffassung, dass alles Außen seine Innenseite hat, dass das Sichtbare, Sinnenhafte ein Ausdruck dahinterliegender, nicht berechenbarer und nicht beherrschbarer Kräfte ist. Wir können sagen, dass für Javaner die Wirklichkeit zwei wesentliche Seiten hat, eine Außenseite (*lahir*) und eine Innenseite (*batin*). Was wir sehen, hören und anfassen, entspricht der Dimension des Außen, die sich uns durch ihre aufdringliche Sinnenhaftigkeit als die eigentliche Realität aufdrängt. Aber für Javaner ist das ein vordergründiger Eindruck. Die wahre Wirklichkeit, aus der alle unser Leben bestimmenden Kräfte entspringen, ist die sich dahinter verbergende und zugleich darin manifestierende Dimension des Innen. Das Innen meint die geistige, kosmische Gesamtenergie der Welt, letztlich das Göttliche. Alle wirklichen Kräfte kommen aus dieser Dimension. Wer sich daher nur mit den physischen Kräften beschäftigt, wird nie etwas erreichen, da diese gar keine Kraft aus sich selbst haben, sondern eben nur Ausdruck jener dahinterliegenden geistigen, numinosen Energie sind.

Javaner unterscheiden dementsprechend zwischen zwei Grundeigenschaften der Wirklichkeit, der Feinheit (*alus*) und der Grobheit (*kasar*). Unter grob fallen die Eigenschaften rau, uneben – auch ein schlecht gemachter Stuhl – hässlich, ferner rohes unkultiviertes Verhalten, insbesondere unkultivierte Sprache, Unausgeglichenheit, mangelndes Selbstvertrauen und mangelnde Selbstkontrolle wie Schreien und Toben, Disharmonie und Unsauberkeit. Fein dagegen ist alles, was glatt und poliert ist – ein kunstvoll geschnitzter Stuhl, ein feines Batikgewebe, ein sanftes, elegantes, kultiviertes, höfliches, einfühlsames, unaufdringliches Benehmen und schließlich alles, was geistig, außernatürlich, metaempirisch ist. Geister werden *alus* genannt. Feinheit gilt als Zeichen aller inneren Kraft und damit der größeren Nähe zur Dimension des Innen, dem wahren Ursprung aller Kräfte.

Dass Javaner das Innen als wahre Wirklichkeit ansehen, kann leicht von der menschlichen Erfahrung her verstanden werden. Auch wenn uns andere Menschen immer nur in ihrer Körperlichkeit wirklich und zugänglich sind, so wissen wir doch aus Erfahrung, vor allem aus der Selbsterfahrung, dass Menschen nicht einfach identisch sind mit ihrer Körperlichkeit, dass ein Mensch seine Identität zum Beispiel auch nach einer größeren Amputation noch uneingeschränkt bewahren kann. Das innere Kraftzentrum eines Menschen, seine Subjektivität, geht in seiner Erfahrung noch hinter die sie tragende Körperlichkeit zurück. Diese Beziehung des Außen auf das Innen, die für die Selbsterfahrung des Menschen wesentlich ist, macht für Javaner zugleich die Wesensstruktur der Gesamtwirklichkeit aus.

Die drei Bereiche, die in den säkularisierten westlichen Kulturen strikt voneinander getrennt sind, Gesellschaft, Natur und Übernatur, bilden in der ursprünglichen javanischen Perzeption eine Einheit. Konflikte in der Gesellschaft oder zwischen Menschen und Natur schlagen Wellen in der übernatürlichen, metaempirischen Welt, die eben durch die verschiedenen Geister aus dem Anonymen herauspersonalisiert wird. Dadurch, dass man die Geister ruhigstellt, entspannt man Konflikte in der Gesellschaft und beruhigt die Natur. Und umgekehrt führen Erschütterungen in der Gesellschaft, Verbrechen, Kriege, Gewalttätigkeiten zur Störung in der nicht sinnenhaften Welt, die dann wiederum zu Störungen in der Natur führen. Erdbeben, Überschwemmungen, Rattenplagen und Vulkanausbrüche können daher auch als Zeichen dafür angesehen werden, dass im Dorf oder der weiteren Gesellschaft etwas nicht in Ordnung ist.

3 Harmonieethik

Aus dieser Erfahrung der Welt als einer Einheit ergibt sich, dass der grundlegende Wert für Javaner die Harmonie ist. Harmonie bedeutet, dass alles seinen ihm zugehörigen Platz einnimmt. Dann herrschen Ruhe und positives Miteinandersein in Gesellschaft, Natur und Übernatur. Damit wird die Kategorie des Ortes zur wichtigsten Metakategorie. Jedes Element hat seinen Ort in der Gesamtheit der Welt. Wenn es seinen Ort einnimmt, ist alles in Ordnung, alles ist in einem ungezwungenen, natürlichen Miteinander. Ist ein Element nicht an seinem Ort, so ist die Harmonie gefährdet, das metaphysische Gleichgewicht gestört, es gibt Unruhe, Konflikte oder Zusammenstöße. Wenn es zu Naturkatastrophen kommt, dann ist etwas in der übernatürlichen Welt gestört. Das wiederum kann durch Störungen der Harmonie in der Gesellschaft ausgelöst sein. Was dann bedeutet, dass für Javaner zwischen Störungen in der Natur und in der Gesellschaft ein Zusammenhang besteht. Es kann auch bedeuten, dass es in der übernatürlichen Welt selbst zu Konflikten kommt. Solche Konflikte werden im Mythos ausgedrückt und damit entschärft. Etwa im *Murwakala*-Stück des javanischen Schattenspiels (*wayang*), das aufgeführt wird, um den dämonischen Gott Kala zu zähmen.[3]

---

3 1996 erhielt ich eine Einladung zu einer *wayang*-Nacht von einem mir über *wayang*-Vorführungen bekanntem *wayang*-Fan, einem ehemaligen Informationsminister Präsident Suhartos, Herrn Budiardjo, und zwar in seinem

Da Harmonie der Grundwert der javanischen Gesellschaft ist, ist es die Grundforderung der javanischen Ethik, die Harmonie zu bewahren. Das ist dann der Fall, wenn alle den ihnen zukommenden Platz in der Wirklichkeit einnehmen, und da der Mensch sich in der Übernatur und Natur durch sein Wirken in der Gesellschaft platziert, fordert die javanische Ethik von allen, den ihnen zukommenden Platz in der Gesellschaft einzunehmen.

Es gibt vier Quellen, aus denen Javaner entnehmen, wie sie sich harmoniegerecht verhalten: die überkommenen Sitten und Gebräuche der Gemeinschaft (*adat*), die Regeln des Anstandes und höflicher Kommunikation (*tatakrama sopan*

Haus, das am mitteljavanischen Tempelberg Borobudur liegt. Zugleich kam ein Flugschein. So flog ich am Abend nach Yogyakarta und von dort die etwa 60 km zum Borobudur mit dem Taxi. Vor dem einfachen Haus war ein Zelt ausgespannt, ich kam kurz vor 21:00 Uhr an, wo die Vorführung beginnt. Dort traf ich eine Reihe mit mir befreundeter Oppositionspolitiker an. Herr Budiardjo selbst war krank. Es sollten zwei Stücke gespielt werden. Das erste war *Murwakala*, ein Exorzismus (*ruwatan*). Es sollte offenbar die Befreiung Indonesiens von Korruption und Machtmissbrauch rituell inszeniert werden. Etwa um Mitternacht, zum Höhepunkt, wenn der Schattenspieler (*dhalang*) ein halbstündiges *mantra* (Beschwörung) singt, wo niemand schlafen darf, wurde ich ins Krankenzimmer von Herrn Budiardjo gebeten. Zusammen mit Aristides Katoppo, einem Christen aus Manado, dessen Zeitung *Sinar Harapan* zehn Jahre vorher von Suharto verboten worden war. Herr Budiardjo sprach mit uns darüber, wo er begraben werden wollte. Im Gang traf ich danach den jungen Sultan Hamengkubuwono X. von Yogyakarta. Auf *Murwakala* folgte unmittelbar ein zweites *wayang*-Stück, das sehr herrschaftskritisch ist (*Semar Kuning*, »der gelbe Semar«). Am Morgen flog ich zurück nach Jakarta. Eine Woche später starb Herr Budiardjo. Diese *wayang*-Nacht war also seine Abschiedsfeier gewesen. Später fragte ich Katoppo, warum wir beide wohl während des *mantras* zu Herrn Budiardjo hinein gebeten worden waren. Seine etwas überraschende Vermutung: Er, Katoppo, sei als Vertreter der nicht javanischen Indonesier eingeladen gewesen, und ich als Vertreter der übrigen Menschheit. Monate später erfuhr ich, dass die gesamte Veranstaltung von Suharto bezahlt worden war! Die beiden für Javaner überaus machtvollen Stücke waren also ein metaphysischer Trick Suhartos, der seine Macht abbröckeln fühlte, um die Ordnung und damit seine Macht wieder herzustellen, und dazu hatte er Oppositionelle eingeladen.

santun), das Gebot, stets die Stellung anderer in der gesellschaftlichen Harmonie zu respektieren (*urmat*) sowie das Gebot, es nie zum offenen Ausbruch von Konflikten kommen zu lassen (*rukun*). Dazu kommt noch eine fünfte, ganz anders geartete Quelle richtigen Handelns. Die vier ersten der genannten Handlungsrichtlinien fordern im Wesentlichen Anpassung. Javaner haben sich im Wesentlichen anzupassen: an die Tradition, an die üblichen Höflichkeitsformen, an die bestehenden gesellschaftlichen hierarchischen Strukturen und an den Konsens der Gemeinschaft. Die fünfte Quelle durchbricht die Anpassung, sie ist daher auch eine seltene Ausnahme. Es kann sein, dass ein Mensch plötzlich eine überwältigende innere Klarheit darüber erhält, was er tun soll, sowie die Kraft, das durchzusetzen. Javaner sagen, er hat eine Offenbarung (*wahyu*) erhalten. Dann reißt zum Beispiel ein Robin Hood vom Dorfe wie Ken Arok im 13. Jahrhundert, der Gründer der Dynastie von Singosari in Ostjava, mit Gewalt die Macht an sich und legitimiert sich gerade dadurch als neuer Herrscher. Oder es tritt ein Schamane (*dukun*) auf, der sich als solcher dadurch erweist, dass er übernatürliche Kraft ausstrahlt; er kann Krankheiten heilen, Wegweisungen geben, die Zukunft voraussagen, Talismane produzieren oder schwarze Magie ausüben. Solche Menschen stehen über den Geboten der traditionellen Moral. Wer eine eigene Offenbarung empfangen hat, ist sich selbst Ordnung und Gesetz, er fügt sich nicht in das Bestehende ein, sondern das Bestehende wird sich nach ihm richten.

Für normale Javaner gilt das natürlich nicht, die Offenbarung kann man sich auch nicht holen. Sie müssen sich also an die vier gewöhnlichen Orientierungen halten. Javaner lernen über drei Schienen, sich harmoniegerecht zu verhalten: durch Druck der Gesellschaft, durch Internalisierung und durch die Lehren ihrer Ethik. Mitglied einer Gemeinschaft von Javanern zu sein, also eines javanischen Dorfes, aber auch eines javanischen Königshofes, bedeutet ganz von selbst, sich an die Traditionen, Gewohnheiten, Tabus und religiösen Veranstaltungen zu halten. Sonst wäre man kein Javaner. Auch die Regeln der selbst auf dem Dorf ausgefeilten Etikette internalisiert schon das Kind und Javaner fühlen sich überaus ungemütlich und unglücklich, wenn sie sich auf »unjavanische« Weise (*ora njawani*) verhalten haben.

Von dem Gebot der Konfliktvermeidung, nennen wir es die *rukun*-Regel, gibt es keine Ausnahme (es sei denn, eine Person empfängt eine »Offenbarung«, die ja keine verbale ist, sondern eine durch alle Regeln durchschlagende Überzeugung, wie man zu handeln hat, die sich gerade dadurch als echt erweist, dass sie durchgehalten und schließlich anerkannt wird). Offenes Streiten wird in der javanischen Gesellschaft nicht geduldet. Die Streitenden werden notfalls getrennt, sie bekommen Zeit, ihre Emotionen abkühlen zu lassen, das Problem wird gemeinsam besprochen (*musyawarah*) und schließlich ein Konsens ausgehandelt (*mupakat*), an den sich alle zu halten haben. Dabei achtet die Gemeinschaft darauf, dass Verzichte und Lasten gerecht verteilt werden. Muss ein Javaner auf die Durchsetzung seiner Interessen um des gemeinschaftlichen Friedens willen verzichten, so sorgt die Gemeinschaft dafür, dass bei einer anderen Gelegenheit seine Rechte gewahrt werden. Vom Individuum erwartet die Gemeinschaft, sich stets emotional unter Kontrolle zu halten, die Ruhe nicht zu verlieren, sich nicht verwirren zu lassen, nicht erschrocken zu reagieren und andere nicht zu erschrecken. Vom javanischen Individuum wird erwartet, dass es in seinem Reden und Tun stets auf die Reaktionen der anderen achtet und von vornherein das Aufkommen gegensätzlicher Positionen vermeidet.

Das vierte Gebot der javanischen Ethik, die Anerkennung der jeweiligen gesellschaftlichen Position, ist sogar in der javanischen Sprache verankert. Da gibt es eine, etwa der deutschen Du-Sprache vergleichbare gewöhnliche Sprache (*ngoko*) und eine der Sie-Sprache vergleichbare Höflichkeitssprache (*krama*) mit etwa 800 eigenen Wörtern (»zwei« heißt etwa auf ngoko »*loro*«, auf krama »*kalih*«), aber auch mit anderen Endungen und Ausdruckweisen, sowie eine etwa 300 Worte umfassende Ehrensprache (*krama inggil*, »kommen« heißt zum Beispiel in den drei Sprachen »*teka*«, »*dhateng*« und »*rawuh*«). Im Gespräch wechseln Javaner fortwährend zwischen den drei Sprachen, je nachdem, mit wem sie sprechen und auf wen und was sich das Gespräch gerade bezieht. Man kann Javanisch nicht sprechen, ohne die eigene gesellschaftliche Position gegenüber dem Gesprächspartner auszudrücken, muss diese also immer schon im Gefühl haben. Andere akzeptiert man zunächst als höher gestellt und zeigt Bescheidenheit und Zurückhaltung, Niedrigergestellten gegenüber zeigt man sich freundlich, leutselig, gelockert, um keine Angst oder Verlegenheit aufkommen zu lassen. Javaner brauchen als Anrede Familienausdrücke (nicht »Herr« und »Frau«, sondern »Vater« und »Mutter«). Die Sprache ist größtenteils geschlechtsneutral, unterschieden wird nach »älter« und »jünger«, also zum Beispiel nicht »Bruder« und »Schwester«, sondern »älteres« und »jüngeres« Geschwister.[4] Älteren Verwandten gegenüber ist Respekt und Liebe, jüngeren gegenüber Wohlwollen und lockere Beachtung gefordert.

Javaner internalisieren die Fähigkeit, sich diesen Forderungen der Gemeinschaft gemäß zu verhalten, über die Erziehung in der Familie. Das Ziel der Erziehung besteht darin, im Individuum das Bedürfnis zu entwickeln, sich stets auf eine Weise zu bewegen und zu äußern, die diesen Vorgaben entspricht. Kinder werden also früh empfindsam für die Reaktionen anderer gemacht. Zuerst lernt das Kind dadurch korrektes Verhalten, dass ihm Angst vor Fremden,

4 Ich musste gelegentlich Briefe von Javanern ins Deutsche übersetzen und hatte immer die Schwierigkeit, ob ich den/die »kakang« als (älteren) Bruder oder Schwester, den/die »adhik« als (»jüngeren«) Bruder oder Schwester (und dann: »ich besuchte sie«, oder »ihn«) zu übersetzen hatte.

hochgestellten Persönlichkeiten, Geistern und so weiter gemacht wird (*wedi*). Später tritt an die Stelle der Furcht das Sich-Schämen. Lernen sich zu schämen, wo man sich schämen sollte (*isin*), ist das zentrale Mittel, um javanischen Kindern moralisch und gesellschaftlich korrektes Verhalten anzuerziehen. Javaner fühlen sich extrem ungemütlich, etwas tun oder sagen zu müssen, dass sich Schämen bedeutet. Sich nicht schämen können (*durung ngerti isin*) beweist, dass die Person noch nicht reif und erwachsen geworden ist.[5]

Diese Forderung der javanischen Gemeinschaft, dass das Individuum sich den Regeln der Gemeinschaft anzupassen und auf jeden Fall das Offenbarwerden von Konflikten zu vermeiden hat, die dann über die Erziehung des Kindes im entwickelten Überich internalisiert ist, wird durch die Lehren der javanischen Ethik gestützt. Diese Lehren lernen Javaner von weisen Lehrern, im *wayang*-Schattenspiel und in der javanischen Literatur. Da lernen sie, dass die wichtigste Haltung die des Sich-Bescheiden-Könnens ist. Ohne Rücksicht auf die Gemeinschaft nur eigenen Interessen oder Ideen nachzugehen, ist unästhetisch, und man sollte sich dafür schämen. Ein weiser Mensch versucht, den Pflichten des Lebens nachzukommen. Sehr wichtig ist es, frühzeitig das Loslassen (*rila*) und das Akzeptieren des Unabwendbaren (*narima*) zu lernen. Wer diese Haltungen verinnerlicht hat, wird innerlich frei vom Bekümmertsein ums eigene Ich, von so lähmenden Gefühlen wie Neid, Eifersucht und Rachsucht. Die javanische Ethik verspricht innere Freiheit, Freiheit von allem möglichen Besorgtsein. Damit werden Javaner frei, sich den Dingen zu widmen, die wirklich wichtig sind. Für Javaner ist Demut ein Zeichen von Stärke, Hochmut ein Zeichen von Schwäche. Weise Javaner stapeln nicht hoch, sondern tief.

5 Hildred Geertz hat das in ihrem Klassiker *The Javanese Family* (New York: The Free Press of Glencoe 1961) wunderbar beschrieben.

4 Harmonieethik in der Krise

Es ist keine Frage, dass Javaner auch heute noch aus dieser Ethik der Harmonie, des Sich-Bescheidens und der Bereitschaft, die Pflichten und Aufgaben zu übernehmen, die einem das Schicksal, also die Stellung in der Gesellschaft auferlegt hat, leben. Diese Ethik gewährt eine erstaunliche innere Widerstandsfähigkeit, Positivität und Elastizität. Viele Javaner sind glücklich mit dieser Ethik und auch stolz auf sie. Javaner können kein höheres Lob spenden als von jemandem zu sagen, »er benimmt sie ein Javaner« (*njawani*). Diese Ethik macht es Javanern auch möglich, ohne Komplexe in die Moderne einzusteigen, sie gewissermaßen zu kooptieren. Man bleibt Javaner, reagiert auch als Javaner, kann aber doch Aug in Aug mit dem Nichtjavanischen und Nichtindonesischen mithalten. Javaner geben sich zwar immer demütig (*andhap asor*, eine als sehr wichtig angesehene Tugend), ohne deshalb irgendwelche Minderwertigkeitsgefühle zu haben. Ganz tief drinnen sind Javaner davon überzeugt, dass Javanersein eine maximale Weise des Menschseins darstellt und es eine Gnade ist, Javaner zu sein. Vielleicht ist dieses zurückhaltende In-Sich-Ruhen vieler Javaner ein Grund dafür, dass sie religiösem Fanatismus und Puritanismus wenig abgewinnen können. Religiöse Riten und Äußerlichkeiten zu ernst zu nehmen, gilt eher als Zeichen, dass jemand noch nichts vom wirklich Göttlichen erfahren hat, das immer in der Tiefe des eigenen Herzens zu suchen ist.

Dennoch ist die Harmonieethik heute in eine Krise gekommen. Bis in die achtziger Jahre hinein haben südostasiatische autoritäre Staatslenker wie Mahathir Mohammad, Lee Kuan Yew und eben Suharto gerne eine tief kulturell verwurzelte Familienethik und »asiatische Werte« gegen »westlichen Individualismus« ins Feld geführt und damit ihre Ablehnung westlicher »liberaler« Demokratie und der »individualistischen« Menschenrechte gerechtfertigt. Dabei übersahen sie geflissentlich, dass die gesellschaftliche Wirklichkeit in ihren Ländern kaum noch etwas mit den vormodernen Gesellschaften der traditionellen Harmonieethiken zu tun hatte. In der indonesischen Gesellschaft gibt es kaum noch Dörfer – es sind nur noch Dörfer – in denen traditionelle Sozialstrukturen das Leben der Individuen absicherten und ihnen einen Sinn verliehen. In früheren Zeiten konnte auf den javanischen Dörfern jeder leben. Es gab Reiche und Arme, aber auch landlose Arme fanden immer Arbeit, von der sie leben konnten, sie konnten bei allen Reisernten mithelfen und einen Teil der geschnittenen Ähren nach Hause nehmen, sie konnten beim Bau eines Hauses mitmachen. Niemand verhungerte – solange nicht das gesamte Dorf hungerte. Aber heute kann nicht nur in den Städten, auch den kleinen, niemand mehr leben, der nicht einen individuellen Arbeitsplatz hat. Auch auf den meisten Dörfern verkaufen landbesitzende Bauern längst die Ernte an Kreditgeber, wenn sie noch im Feld steht, und der Käufer bringt seine eigenen, bezahlten Arbeitskräfte mit, und niemand aus dem Dorf darf da noch miternten. Bei Yogyakarta sieht man am Morgen seit Jahrzehnten Tausende von Männern und Frauen, früher auf Fahrrädern, jetzt auf Motorrädern, in die Stadt zur Arbeit und am Abend wieder nach Hause fahren. In Großstädten wie Jakarta besteht eine harte, manchmal brutale Konkurrenz um Arbeitsplätze, gerade bei den unteren Einkommensschichten. Ein junger Mann, der an einer Straße seinen und seiner Familie Lebensunterhalt als Parkwärter finden möchte, muss zunächst an irgendeinen »Boss« eine Anzahlung machen, dann bekommt er einen Abschnitt für vier Autos zugeteilt. Die Parkwärter bilden eine Gemeinschaft, die sich zum Beispiel gegen Versuche der Stadtverwaltung notfalls mit Gewalt wehrt, sie durch offizielle Parkwärter (die vorher an die Stadtverwaltung gezahlt haben) zu ersetzen. Aber wehe, es zieht der Parkwärter von nebenan die Parkgebühren für ein Auto ein. Dann hat er schnell ein Messer zwischen den Rippen. Nicht, als ob man in Indonesien für den Gegenwert einer halben Mahlzeit jemanden totstechen würde, sondern weil der richtige Parkwärter dann in Gefahr ist, seinen Lebensunterhalt zu verlieren, weil ihn der »Boss« dann zum Beispiel durch einen anderen ersetzen würde. Dieses harte Gesetz gilt auch auf traditionellen Märkten und Busbahnhöfen.

Allein die fundamentale Tatsache moderner Gesellschaften, die längst auch in Indonesien gilt, dass, abgesehen von der engsten Familie, niemand irgendein Bedürfnis stillen kann, wenn er nicht bezahlt, zeigt schon, dass traditionelle Gemeinschaftsstrukturen jemanden nicht mehr am Leben erhalten können. Auf der Schule lernen Kinder früh, dass soziales Verhalten eine Schwäche ist: Wer seinem Nachbarschüler beim Examen aushilft, wird nicht belobigt, sondern bestraft. Längst ist sogenanntes »*ranking*« eingeführt, die Schüler werden nach dem Rang ihrer Leistung aufgelistet. Und ohne eine »individuelle Identitätskarte« (KTP) kann niemand auf die Dauer überleben.

Diese faktische Individualisierung der »ökonomischen Basis« (um mit Marx zu sprechen) macht den traditionellen, teilweise immer noch empfundenen Harmoniewertehintergrund immer unwirksamer. Die Forderung, sich zurückzunehmen und der kollektiven Gerechtigkeit zu vertrauen, wirkt in einer harten bis brutalen Konkurrenzgesellschaft kontraproduktiv. In einer solchen Gesellschaft kämpft jeder und jede ums Überleben. In modernen Gesellschaften wird, wie schon Hobbes gezeigt hat, der Krieg jedes gegen jeden durch eine gerechte Rechtsordnung vermieden, wobei die Grundgerechtigkeit durch die verfassungsmäßige Verpflichtung auf die Grundrechte garantiert wird. Die Ablehnung der Grundrechte im Namen einer Harmonieethik gerät dagegen zur ideologischen Absicherung einer demokratisch nicht legitimierten, meist oligarchischen Herrschaft. Dieser Zusammenhang wird im heutigen Indonesien weithin eingesehen, und deshalb wurden ja auch die Menschenrechte nach dem Sturz Suhartos in die indonesische Verfassung aufgenommen.

Indonesien erklärte sich bereits in der ursprünglichen Verfassung von 1945 feierlich zum Rechtsstaat (*negara hukum*), wobei in der zur Verfassung gehörenden Erklärung das deutsche Wort »Rechtsstaat« als Gegenfigur zum »Machtstaat« gebraucht wurde. Die gesellschaftliche Wirklichkeit in Indonesien ist allerdings noch längst nicht durchweg von Gesetz und Verfassung bestimmt. »Chef- und Klientenbeziehungen«, »Beziehungen« etwa zur Polizei oder zur Staatsanwaltschaft, spielen immer noch eine große Rolle.

Potenziell besonders heikel sind sogenannte primordiale Loyalitäten, also Stammesloyalitäten und religiöse Identitäten. Der nationale Großstaat Indonesien wird nirgends infrage gestellt. Es gibt, abgesehen von Papua im Osten und, bis 2005, Aceh im Nordwesten, keine separatistischen Bewegungen. Konflikte entstehen vielmehr mit den direkten Nachbarn. Besonders gefährlich werden ethnische Konflikte, wenn dazu die religiöse Identität kommt, und wenn es sich wie fast immer um Konflikte zwischen Einheimischen und Zugewanderten kommt. Ein typischer Fall war 2012 der schon genannte Konflikt zwischen einheimischen muslimischen Lampunger und transmigrierten Balinesen in Südsumatra.

Auch in Großstädten wie Jakarta erweisen sich primordiale Bindungen, vor allem die Herkunft aus derselben Gegend oder ethnische Gemeinsamkeit, als stark. Sie helfen dem Individuum oder einer in die anonyme Großstadt verschlagenen Familie zu einem stützenden sozialkulturellen Umfeld. In einer solchen Situation werden aber »die anderen« – zum Beispiel (wieder) die Maduresen oder die Buginesen – als Fremde und Konkurrenten erfahren. Harmonie ist da fehl Platze. Dasselbe gilt, wenn in einer streng islamischen Gegend plötzlich eine Batak-Gemeinde am Sonntag laut in ihrer

Kirche (die im Zweifelsfall zunächst ein Schuppen ist) Alleluja singt oder in der mehrheitlich protestantischen Minahasa eine islamische *pesantren* über Lautsprecher zum fünfmaligen Sholat-Gebet einlädt.

Wie sehr unter Suharto die noch vorhandene Harmonieethik für die Herrschaftsinteressen des Regimes eingesetzt wurde, sieht man am Gebrauch der *musyawarah*, der Beschlussfassung in gemeinsamer Beratung. *Musyawarah* steht im vierten Prinzip der *Pancasila* und wird oft als die indonesische Weise gemeinsamer Willensbildung sakralisiert. Suharto bestand ausdrücklich auf *musyawarah* und *mupakat* (der die Beratung abschließende einstimmige Beschluss) als der indonesischen Weise von Demokratie im Gegensatz zur »westlichen«, »liberalistischen« »Abstimmungs- und Mehrheitsdemokratie«. Über die Zivilverwaltung und die bis in die Dörfer parallel zur Zivilverwaltung ausgebaute militärische Hierarchie (es galt das sogenannte Territorialprinzip, nach dem es zur zivilen Verwaltung – Provinz, Region, Landkreis, Dorfbürgermeister – parallel eine militärische Kommandolinie geben musste) konnte die Zentralregierung ihre Macht bis ins letzte Dorf erstrecken. Beschlüsse wurden zwar offiziell durch Beratung und im Konsens gefasst, in Wirklichkeit benützte aber die Staatsmacht ihre zivilen und militärischen Stellvertreter vor Ort, um Pläne von oben durchzudrücken, wobei die traditionelle Pflicht, die eigenen Interessen um des Gemeinwohls willen zurückzustellen, schamlos ausgenützt wurde. Die Menschen konnten weder sagen, was sie dachten, noch Widerstand leisten. Ein typischer Fall war der Stausee von Kedung Ombo in Mitteljava 1989. Um den See anzulegen, mussten 37 Dörfer mit 5.268 Familien ihre Reisfelder räumen. Das von der Weltbank mitfinanzierte Projekt sah eine Entschädigung von 3.000 Rupiah pro km2 (etwa 2½ Euro) vor, aber die Bauern selbst erhielten nur 250 Rupiah, das Übrige verschwand in den Kanälen der Regierung der Provinz Mitteljava. Als die Bauern protestierten, wurden sie von Suharto als Kommunisten abgestempelt, eine direkte Bedrohung (siehe im nächsten Kapitel). Diese Art von *musyawarah* gab es unter Suharto überall und hat dieser Tradition jegliche Glaubwürdigkeit genommen.

Musyawarah wurde auch zur Gängelung der indonesischen Industriearbeiter benützt. Suharto zwang die Arbeiter in eine vom Staate kontrollierte Einheitsgewerkschaft (SPSI). Streiks waren zwar nicht direkt verboten, aber de facto nicht zugelassen. Industrielle Konflikte sollten per *masyawarah* gelöst werden, und zwar durch Gespräche zwischen drei Parteien: den Unternehmern, den Arbeitern und der Regierung. Damit waren die Arbeiter de facto entmächtigt.

In festen sozialen Gruppen, vor allem in der Familie, aber auch überall, wo Zusammenleben und Zusammenarbeit im Rahmen bestehender Ziele und Zwecke auf Stabilität angelegt ist, hat die Forderung, auf Harmonie in den verschiedenen Dimensionen zu achten, auch weiterhin eine Bedeutung. Haltungen wie Rücksichtnahme, Schonung, Solidarität und Achtung brauchen Sinn für Harmonie. Die Krise der Harmonieethik in den modernen Gesellschaften besteht darin, dass sie da versagt, wo darüber gestritten wird, in welche Richtung es weiter geht. Harmonieethik löst Konflikte dadurch, dass alle den ihnen durch ihre Position in der Gesellschaft angewiesenen Ort einnehmen. Aber die neuzeitliche Situation ist durch Fortschritt beziehungsweise Veränderung bestimmt, und da entstehen Konflikte darüber, welche der möglichen Alternativen man wählen sollte. Wenn sich ein Weg gabelt, so hilft die Forderung, sich bescheiden zu können, nicht weiter, vielmehr ist Diskursfähigkeit angesagt, und diese gehört nicht zu den traditionellen Harmonietugenden. In der heutigen Gesellschaft, auch der indonesischen, geht es nicht mehr darum, den traditionellen Platz zu halten, sondern welche von verschiedenen Handlungsmöglichkeiten die Beste ist. Und da lässt einen die Harmonieethik in Stich.

5 Die javanische Auffassung von Macht

Wir haben gesehen, dass in der ursprünglichen javanischen Weltsicht die Dimension des Außen nur durch Bezug auf die Dimension des Innen verstanden werden kann. Vorgänge in der sichtbaren Welt, also in Natur und Gesellschaft, sind Ausdruck von Kräften in der metaempirischen Welt übernatürlicher Kräfte, wo der Ursprung aller wirklichen Macht liegt.

Das gilt in besonderem Maße für politische Macht. Politische Macht wird als Ausdruck metaphysischer Mächtigkeit erfahren. Auch wenn Indonesier und eben auch Javaner längst voll in die empirischen Niederungen der Politik eingestiegen sind und die Prinzipien wie auch die Schliche politischer Auseinandersetzung und Zieldurchsetzung beherrschen, und auch wenn indonesische Politikwissenschaftler längst in den entsprechenden Theorien zu Hause sind: Unausgesprochen bleibt die traditionelle Perzeption politischer Macht mindestens potenziell immer noch eine Verständnisfolie. Deshalb möchte ich hier kurz die traditionelle javanische Auffassung von Macht darstellen,[6] die sicher auch in anderen indonesischen Kulturen zu finden ist.

Das Wesen der Macht

Um die Eigenart der javanischen Machtauffassung klar zu beschreiben, ist es hilfreich, sich daran zu erinnern, wie im Westen politische Macht ganz selbstverständlich verstanden wird. Für den modernen westlichen Menschen ist Macht etwas völlig Weltliches, ohne jeden Schein des Numinosen. Macht kann uns Angst und Bange machen, aber sie jagt uns

6 Siehe ausführlicher in *Magnis-Suseno* 1989, *Neue Schwingen für Garuda. Indonesien zwischen Tradition und Moderne*, München: Peter Kindt, S. 155-165. Der folgende Text ist teilweise diesem Buch entnommen.

keine geheimnisvollen Schauer durch das Rückenmark. Weder bei Angela Merkel noch bei Mao Zedong käme ein heutiger westlicher Mensch auf die Idee, dass in ihnen Kräfte »aus der anderen Welt« wirksam wären. Macht ist eine abstrakte Wirklichkeit, es gibt sie nicht an sich selbst, das Wort bezeichnet vielmehr eine Beziehung zwischen Menschen, so wie zum Beispiel das Wort Freundschaft. Es gibt sehr verschiedene Formen von Macht, entsprechend den Bereichen, in denen Machtverhältnisse vorkommen, zum Beispiel elterliche, legale, politische, militärische, finanzielle, intellektuelle, religiöse, charismatische Macht. Diese verschiedenen Formen von Macht haben miteinander nichts zu tun, können allerdings in einer Person oder in Personengruppen zusammenkommen und damit die Gesamtmacht vergrößern.

Im traditionellen javanischen Verständnis gehen alle diese empirischen Bestimmungen am Wesen von Macht vorbei und helfen daher nicht, sich auf gegebene Machtverhältnisse einzustellen. Für Javaner ist Macht im Wesentlichen eine metaempirische übernatürliche Wirklichkeit. Macht jeder Art ist, wie alle Kräfte, die sich in der sinnenhaften Welt kundtun, Ausfluss der den ganzen Kosmos durchdringenden formlosen, alles durchwirkenden göttlichen Energie. Macht ist kein von den Naturkräften verschiedenes, spezifisch gesellschaftliches Phänomen, sondern Ausdruck der kosmischen Kraft, die wir uns als eine Art Fluidum vorstellen können, das das All durchdringt. Macht ist ihrem Wesen nach Ausdruck numinoser Potenz, Partizipation an der kosmischen Gesamtenergie.

Ein Herrscher ist als ein Mensch zu verstehen, der die Fähigkeit erlangt hat, die hintergründigen Kräfte anzuzapfen, die im Kosmos wirken. Er konzentriert metaphysische Potenz und gibt sie nach unten weiter. Von einem mächtigen Herrscher strahlen nach javanischer Auffassung Ruhe, Gerechtigkeit und Wohlstand ins Land. Zeichen seiner Macht ist die vollendete Harmonie in Gesellschaft und Natur. Die Bauern bestellen ihre Felder im Frieden, ernten den Ertrag ihrer Mühen und bringen ihn auf den Markt in die Stadt, ohne Angst vor Überfällen haben zu müssen. Die Staatsverwaltung ist wohlgeordnet, jedermann geht seinem Gewerbe in Ruhe nach und hat sein ausreichendes Einkommen, alle Untertanen tun ihre Pflicht und fühlen sich wohl dabei. Zeichen von Unruhe wie Unzufriedenheit, Kritik, Streit, Zwietracht und Rebellion sind nicht zu erkennen. Da alle in diesem Raum zur Verfügung stehenden kosmischen Kräfte im Herrscher konzentriert sind, ist auch alle Störungskraft gleichsam in ihn absorbiert.

Auch die Natur ist in Harmonie und spendet ihre Wohltaten. Da alle in ihr wirkenden Kräfte Ausdruck derselben kosmischen Kraft sind, die der Herrscher in sich konzentriert, kann es zu keinen Naturkatastrophen wie Überschwemmungen, Schädlingsplagen, Erdbeben, verheerenden Bränden oder Vulkanausbrüchen kommen. Eine von einem machtvollen Herrscher geleitete Gesellschaft ist »gerecht und wohlhabend« (*adil-makmur*).

Machterwerb und Machtverlust

Macht erwirbt man folgerichtig auch nicht durch den Einsatz empirischer Mittel: politische Manöver, Gewalt, Geld, Beziehungen. Die sind selbst bereits Ausdruck der dem Mächtigen zufließenden Potenz. Macht gewinnt man durch Meditation, Fasten, sexuelle Enthaltsamkeit, also Übungen, durch die ein Mensch sich auf sein Inneres konzentriert. Dahinter steht die javanische Auffassung, dass der Mensch auf dem Grunde seiner Seele das Göttliche berührt. Auch durch Pilgerfahrten zu heiligen, metaphysisch aufgeladenen Stätten, etwa Königsgräbern, oder durch das Sammeln potenter Erbstücke wie *Krisse* (javanische Dolche, denen eine Seele zugeschrieben wird und die ihren Besitzer beschützen) kann ein Mensch metaphysische Potenz sozusagen anzapfen.

Ebenso wie der Erwerb von Macht nach dieser Vorstellung nicht durch empirische Mittel bewerkstelligt werden kann, geht Macht auch nicht aufgrund von empirischen Faktoren verloren. Die Macht eines Herrschers kommt überhaupt erst in Gefahr, wenn er bereits seine Fähigkeit, kosmische Kraft in sich zu konzentrieren, verloren hat. Das passiert, zum Beispiel, wenn er seine Machtposition ausnützt, um sich und seine Familie zu bereichern oder wenn er sich seinen Leidenschaften hingibt. Dann hat er nämlich vergessen, dass die Quelle seiner Macht in seinem Inneren liegt, und das bedeutet, dass er sich nicht mehr auf sein wesentliches Innen konzentriert, aus dem ja seine Stärke fließt. Gebraucht er seine praktisch unbegrenzte Macht, um sich persönlich zu bereichern und seinen Lüsten zu frönen, verliert er sich an das Außen. Er ist sich nicht mehr der Tatsache inne, dass er durch seinen Zugang zu den kosmischen Kraftquellen ja sowieso schon alles besitzt, was er nötig haben könnte.

Dann wird es in seinem Reich allmählich unruhig. Mensch und Natur beginnen aufzumucken. Kritik und Unzufriedenheit machen sich bemerkbar, Ungehorsam, Auflehnung und direkte Versuche einzelner Fürsten, die Macht an sich zu reißen, nehmen zu. Herrscher, die bisher Tribut gezahlt haben, lassen ihre Armeen aufmarschieren. Auch die Natur gerät in Unordnung. Rattenplagen und Überschwemmungen, Erdbeben und Vulkanausbrüche zeigen dem Volk, dass es zu einer Herrschaftskrise gekommen ist und vielleicht ein Machtwechsel bevorsteht. Fromme Männer verlassen ihre Einsiedeleien in der Wildnis, um den am Hofe um sich greifenden Verfall anzuprangern. Geht der Herrscher dann brutal dagegen vor, bringt er gerade dadurch die Gesellschaft erst recht in Unordnung und zerstört die Gesamtharmonie weiter. Statt seine Position zu festigen, beschleunigt er dadurch nur den Erosionsprozess seiner Macht. Schließlich wird ein anderer Herrscher aufstehen, der wirklich die Fähigkeit hat, übernatürliche Kraft zu konzentrieren und jetzt einen metaphysischen Sog zu entwickeln. Die Macht fällt ihm gleichsam von selbst in den Schoß, und der alte Herrscher, von dessen Herrschaft am Ende nur noch der äußere Schein bestand, ist vernichtet.

Die Legitimation der Macht

Diese Auffassung von Macht hat Folgen für die Legitimation von Herrschaft in javanischen Augen. In der westlichen politischen Ethik bedürfen sowohl Machterwerb als auch Machtgebrauch einer Legitimation. Der Machterwerb muss demokratisch legitimiert sein, während der Machtgebrauch nur legitim ist, wenn er rechts- und verfassungskonform ist. Ganz allgemein gilt, dass der Erwerb und der Gebrauch von Macht in dem Sinne moralisch gerechtfertigt sein müssen, dass sie nicht mit grundlegenden, gesellschaftlich anerkannten moralischen Prinzipien, vor allem den Menschenrechten, im Widerspruch stehen.

In der javanischen Auffassung von Macht kommt die Forderung nach ethischer Legitimation offensichtlich nicht zum Zug. Da Macht als beinahe in physischer Weise von oben eingespeist angesehen wird, rechtfertigt sie sich selbst. Genauso wie eine übernatürliche Offenbarung oder eine göttliche Intervention keiner Legitimierung bedarf. Ein Herrscher ist legitim, weil er ein wirklicher Herrscher ist. Wenn er wirklich herrscht, wenn seinen Verordnungen Folge geleistet wird, wenn in seinem Herrschaftsbereich Ruhe und Frieden existieren und es den Menschen gut geht, dann beweist das, dass er kein Usurpator, sondern echt ist, dass er also wirklich voll metaphysischer Mächtigkeit ist. Kritik, Unruhe, versuchte Aufstände sind umgekehrt für ihn selbst und die Bevölkerung Zeichen, dass ihm seine metaphysische Macht zu entgleiten droht. Nicht die Akzeptanz demokratischer Zügeln, sondern die Wiederherstellung des absoluten Machtmonopols ist die naheliegende Antwort auf ein solches Treiben.

Eine Folge dieser Auffassung ist, dass der Versuch, einen Herrscher zu stürzen, genau dann als gerechtfertigt angesehen wird, wenn er gelingt. Denn das Gelingen beweist, dass der Emporkömmling, der jenen ablöst, tatsächlich metaphysische Mächtigkeit in sich konzentrieren kann, die dem bisherigen Herrscher entglitten sein muss.

Dieses Fehlen der Forderung nach einer ethischen Legitimation bedeutet allerdings nicht, dass ein Herrscher sich in javanischen Augen gewissermaßen alles erlauben darf. Denn das javanische Machtverständnis impliziert, dass Macht nicht wie im westlichen Verständnis einfach ein ethisch neutrales Mittel ist, das zu guten und bösen, zu legitimen und nicht legitimen Zwecken eingesetzt werden kann (und daher nach heutiger Ethik auch von außen kontrolliert werden muss). Vielmehr ist Macht an sich etwas Positives, sie ist nicht nur die Fähigkeit eines Herrschers, seinen Willen durchzusetzen, sondern sie zeigt sich im gewaltfreien, friedlichen, prosperierenden Zustand der Gesellschaft. Muss ein Herrscher Drohungen und Gewalt anwenden, um seinen Willen durchzusetzen, so ist das in javanischen Augen ein Zeichen dafür, dass er sich in einer Krise befindet. Wahre Macht setzt sich wie von selbst durch, der Herrscher muss sich dazu nicht besonders anstrengen; was er wünscht, geschieht gewissermaßen ganz von selbst. Wahre Herrschaft zeigt sich in der Leichtigkeit ihrer Ausübung. Aufregung, sich erregen, zornig werden, Drohgebärden und Gewalttätigkeiten sind in javanischen Augen ein Zeichen von Schwäche.

Es sind daher im javanischen Machtverständnis durchaus psychologische Motivationen für den Herrscher eingebaut, sich zu bemühen, ein guter Herrscher zu werden, also darauf hinzuwirken, dass das Land Frieden, Wohlstand und Gerechtigkeit genießt, dass die Menschen zufrieden sind und ihn, ihren Herrscher, wirklich respektieren und lieben. Wird dagegen umgekehrt das Volk unruhig und zeigen sich Zeichen von Widerstand, so ist das für Volk und Herrscher zugleich eine Warnung. Zur Macht gehört im javanischen Verständnis außer der Fähigkeit zur Durchsetzung die Wirklichkeit des ihr entsprechenden Zustandes: ein harmonischer Zustand in Natur und Gesellschaft.

Ben Anderson hat dieses javanische Verständnis von Macht brillant dargestellt.[7] Dabei spielt er gelegentlich auf Indonesiens ersten Präsidenten Sukarno an. Aber es war Indonesiens zweiter Präsident, Suharto, der dieses Machtverständnis von Anfang an der indonesischen Bevölkerung vorgeführt hat und der von den Menschen auch in diesem Sinne verstanden wurde. Mit dem Sturz Suhartos ist deshalb jetzt jeder Bezug politischer Rechtfertigung auf die javanische Kultur geächtet. Die nachfolgenden Präsidenten haben es peinlich vermieden, sich nach javanischen Mustern zu präsentieren. Die javanische Machtauffassung ist also ganz aus der Betrachtung der Menschen wie auch aus den öffentlichen Diskursen verschwunden. Es bleibt abzuwarten, ob sie durch Suharto wirklich völlig ad absurdum geführt wurde oder nur auf Tauchstation gegangen ist. Der kometenhafte Aufstieg Joko Widodos gewissermaßen aus dem politischen Nichts zum Präsidenten des viertgrößten Landes der Erde dürfte für viele Javaner intuitiv eher wieder als Zeichen seiner metaphysischen Ermächtigung (*wahyu*) gesehen werden.

Und damit ist es Zeit, ins aktuelle politische Indonesien zurückzukehren.

---

7 Anderson, Ben R. O. G. 1972, »The Idea of Power in Javanese Culture«, in: Claire Holt (Hg.), *Culture and Politics in Indonesia*, Ithaca, N. Y.: Cornell University 1972, S. 1-69.

Fünftes Kapitel

1945–1998: Sukarno und Suharto – Furchtbare Spannungen, aber Indonesien steht

Man kann die Geschichte der Republik Indonesien bis heute als eine verstehen, die durch die dialektische Spannung zwischen javanischer Kultur und Nationalgefühl auf der einen Seite und dem Islam auf der anderen bestimmt ist. Allerdings gilt es in Indonesien seit Langem als *politically incorrect*, der javanischen Kultur eine besondere Bedeutung für Indonesien zuzuschreiben. Das Typische und Bewunderungswürdige an dieser Spannung ist, dass sie sich bis jetzt in einem gemeinsamen Konsens hält, dessen Name Indonesien heißt und dessen Prinzipien im Formelkompromiss der *Pancasila* zum Ausdruck gebracht werden. Es ist zugleich eine Geschichte furchtbarer Gewalt, aber auch gesellschaftlicher Konsolidierung. Die kaum zu fassende Einheit dieses Reiches der mehr als zehntausend Inseln und vielen hundert Sprachen und Kulturen, dieses Landes mit den meisten Muslimen der Welt, aber auch mit bedeutenden religiösen Minderheiten, scheint heute nicht mehr ernstlich gefährdet. Allerdings sind die Konfliktpotenziale immer noch besorgniserregend.

Im Folgenden machen wir einen kurzen Gang durch die ersten 53 Jahre der indonesischen Geschichte unter den beiden Präsidenten Sukarno und Suharto. Stehen die zwanzig Jahre unter Sukarno klar unter dem Zeichen des Nationalismus, so erreicht die javanische Kultur in den ersten zwanzig Jahren unter Suharto einen hegemonialen Höhepunkt, um danach durch den Islam als neuer Kraft der Zukunft auf die Seite gedrängt zu werden.

1 Die ersten zwanzig Jahre der indonesischen Republik unter Sukarno[1]

Wir können die Jahre von 1945 bis 1998 zwangslos in zwei Perioden teilen: die 21 Jahre der Herrschaft Sukarnos von 1945 bis 1966 und die darauffolgende Zeit der »Neuen Ordnung« unter Präsident Suharto, deren Beginn auf den 11. März 1966 zu datieren ist. An diesem Tag überträgt Präsident Sukarno die exekutive Regierungsgewalt an General Suharto.

Die erste Periode umfasst die Zeit des Befreiungskrieges gegen die ehemalige Kolonialmacht Holland (1945–1949), den gescheiterten Versuch ziviler indonesischer Parteipolitiker in den fünfziger Jahren, das Land nach den Regeln einer parlamentarischen Demokratie zu regieren, und schließlich die Periode der von Sukarno 1959 proklamierten »Gelenkten Demokratie«, die mit der Katastrophe von 1965 und dem darauffolgenden Machtverlust Sukarnos endet. Hier muss ich mich darauf beschränken, diejenigen Ereignisse und Entwicklungen darzustellen, die zum Verständnis der heutigen Situation unerlässlich sind.

Die ersten fünf Jahre der jungen Republik waren turbulent. Wenige Monate nach dem Zusammenbruch des japanischen Widerstandes im August 1945 versuchten die Holländer, ihren alten Kolonialbesitz wieder zurückzugewinnen. Sie konzentrierten ihre Bemühungen auf Java, wo sich die nationale Regierung unter Sukarno inzwischen im mitteljavanischen Yogyakarta als Hauptstadt etabliert hatte. Von den Japanern ausgebildete Truppen, muslimische und linke Milizen, lieferten den Holländern einen ständigen Guerillakrieg. Die Holländer mussten sich vorläufig auf den Besitz der javanischen Nordküste beschränken. Militärische Zusammen-

1 Den folgenden Text übernehme ich im Wesentlichen aus *Magnis-Suseno* 1989, S. 40 ff.

stöße und Verhandlungen wechselten einander ab. Ende 1948 besetzen die Holländer überraschend Yogyakarta. Die Regierung Sukarno lässt sich gefangen nehmen, aber die militärische Führung führt ihren Kampf aus dem Untergrund weiter. Die Einsicht in die Unmöglichkeit, militärisch eine »Befriedung« Javas zu erzwingen, aber auch der internationale – vor allem amerikanische – Druck[2] machen die Holländer schließlich verhandlungsbereit. Im Dezember 1949 erkennen sie Indonesiens Unabhängigkeit an, weigern sich allerdings, West-Neuguinea, Irian Barat, herauszugeben.

Aber auch innerhalb des republikanischen Lagers ging es turbulent zu. Noch 1945 wurden politische Parteien zugelassen. Linke Freischärler versuchten, die Regierung in Yogyakarta unter Druck zu setzen. Es kam zu vereinzelten Entführungen führender Politiker. Höhepunkt der inneren Unruhen bildete die sogenannte Madiun-Affäre, die hier erwähnt sei, weil sie ein gewisses Licht auf die grausigen Ereignisse des Jahres 1965 wirft: Anfang 1948 kehrte nach 20 Jahren Exil in der Sowjetunion der Kommunistenführer Musso nach Indonesien zurück. Er hatte den Auftrag, die 1947 in Moskau beschlossene sogenannte Schdanov-Linie durchzusetzen, die den Austritt der kommunistischen Parteien aus volksfrontähnlichen Bündnissen beinhaltete. Die indonesischen Kommunisten zogen sich daraufhin aus der Sozialistischen Partei und der nationalen Einheitsregierung unter dem Protestanten Amir Sjarifuddin zurück, der selbst zurücktrat und sich als Kommunist bekannte. Im September, mitten in den militärischen Auseinandersetzungen mit den Holländern, erhoben sich linke Militärs im mitteljavanischen Solo. Musso und die Kommunisten riefen daraufhin in der Stadt Madiun eine Volksrepublik aus und forderten den Rücktritt von Präsident Sukarno und Vizepräsident Mohammad Hatta. Als

2 Dieser war die Antwort der US-Regierung auf die resolute Niederschlagung des kommunistischen Madiun-Aufstandes, siehe unten.

republikanische Truppen den Aufstand niederwarfen, entdeckten sie die Leichen von Tausenden ermordeten lokalen Muslim- und Nationalparteiführern. Die Vergeltung kannte ebenfalls kein Pardon. Musso wurde gefangen genommen und wie die anderen Kommunistenführer erschossen. Nur ein plötzlicher Angriff der Holländer auf die Hauptstadt der Republik Yogyakarta rettete die Reste der kommunistischen Partei vor der Vernichtung. Unter einer neuen jugendlichen Führung wurde sie in den fünfziger Jahren wieder aufgebaut und schließlich zur stärksten Partei im Lande.

Die fünfziger Jahre brachten dem Lande keine innere Ruhe. Kurz nach der Anerkennung der Unabhängigkeit erhoben sich in Westjava, Aceh (in Nordsumatra) und Südsulawesi radikale Islamkräfte und proklamieren einen Islamstaat (*Darul Islam*). Fast alle Offiziere der indonesischen Armee, die später in hohe Positionen aufsteigen, machten einen Teil ihrer Kampferfahrung in Einsätzen gegen muslimische Aufständische. Die strikte Ablehnung aller Versuche einer stärkeren Islamisierung des Landes durch die Armee lässt sich aus dieser Erfahrung erklären. Erst in den sechziger Jahren konnte der *Darul-Islam*-Aufstand endgültig niedergeworfen werden. Den zivilen Politikern gelang es nicht, stabile Regierungen zu bilden. Bis zur Einsetzung eines Präsidialkabinetts 1957 kamen sieben verschiedene Regierungen an die Macht. Sie wurden teils durch die reformislamische, stärker in Sumatra beheimatete *Masyumipartei*, teils durch die linkspopulistische, auf Java beheimatete Nationalpartei PNI geführt. Das Militär schaute den zivilen Politikern misstrauisch zu. Schon während des Unabhängigkeitskampfes war es zu Spannungen zwischen den militärischen Guerillaführern und der Zivilregierung gekommen. Versuche mehrerer Regierungen, das Militär umzuorganisieren, verstärkten die alten Ressentiments. Regionale Gegensätze in diesem riesigen Land, vor allem zwischen der Zentralregierung auf Java und den sogenannten »Außeninseln«, verschärften sich. Unterdessen kam es 1955 endlich zu den langersehnten allgemeinen Wahlen. Sie brachten eine große Überraschung. Erstens, weil sie in völliger Freiheit und ohne auch nur einen Toten im ganzen Inselreich über die Bühne gingen. Und zweitens wegen ihrer Ergebnisse: Zwar ziehen 40 Parteien ins Parlament ein, aber nur vier davon sind wirklich von Bedeutung, weil sie zusammen beinahe 80 Prozent aller Stimmen auf sich vereinen: die schon erwähnte *Masyumipartei*, die traditionsislamische, anpassungsbereite *Nadhatul Ulama* (NU), die Nationalpartei PNI und die Kommunisten (PKI), die 16,4 Prozent erhielt. Und noch ein Ergebnis ist signifikant: Trotz starken religiösen Drucks können die islamisch orientierten Parteien zusammengenommen nur 43 Prozent aller Stimmen erringen. In Indonesien gibt es also trotz der großen nominellen Mehrheit von Muslimen eine solide Mehrheit für einen nicht islamistischen Staat.

Aber die Wahlen brachten die nationalen Probleme einer Lösung nicht näher. 1957 brach in Sumatra und in Sulawesi ein Aufstand gegen den »Javazentrismus« der Zentralregierung aus, der zum Teil durch lokale Armeekontingente gestützt wurde. Er konnte zwar verhältnismäßig schnell niedergeschlagen werden, deutete aber die Krise an, in der sich das Land befand. Ein Vorschlag Sukarnos, die Kommunisten ins Kabinett zu holen, stieß bei den anderen Parteien auf Ablehnung. Der verfassunggebenden Versammlung gelang es nicht, sich auf eine neue Verfassung zu einigen, da die Muslimparteien der *Pancasila* als Staatsphilosophie nur unter der Bedingung zuzustimmen bereit waren, dass der am 18. August 1945 weggelassene Nebensatz über die Verpflichtung der Muslime, das Schariagesetz zu halten, jene »sieben Worte«, wieder eingefügt wird, was die nicht muslimische Mehrheit ablehnte. Daraufhin proklamierte Sukarno im Juli 1959 die Rückkehr zur Verfassung von 1945 (die dem Präsidenten eine sehr starke Stellung einräumt), verkündete eine »gelenkte Demokratie« und löste das gewählte Parlament auf.

Dabei erhielt Sukarno von zwei Seiten Unterstützung: Von der Armee, die das Parteiengezänk der liberalen Demokratie und die Unfähigkeit der Politiker, sich mit den ihrer Meinung nach wirklichen Problemen des Landes auseinanderzusetzen, satthatte, und von den Kommunisten, die hofften, mithilfe Sukarnos allmählich zu den eigentlichen Machtzentren vorstoßen zu können.

In der Folge setzte Sukarno ein neues Parlament ein, in dem nur noch zehn Parteien zugelassen waren, außerdem Vertreter der sogenannten funktionalen (berufsständischen) Gruppen, darunter die Streitkräfte. Die Masyumipartei und die Sozialistische Partei wurden wegen Verwicklung in den Aufstand in Sumatra verboten. Das Parlament ernannte Sukarno zum Präsidenten auf Lebenszeit. Die Kampagne zur Einverleibung Westirians, das die Holländer nach 1949 weiterhin besetzt hielten, erreichte ihren Höhepunkt: Es kam zu militärischen Auseinandersetzungen mit den Niederlanden. Auf amerikanisches Drängen gaben diese nach, und Westirian kam 1962 unter indonesische Verwaltung, wobei die Vereinten Nationen für sieben Jahre die Oberaufsicht behielten. 1969 ging es nach einem professionell durchgezogenen »Akt freier Wahl« durch die Bevölkerung Irians vollständig in indonesischen Besitz über. Dieser *act of free choice*, als *»act free of choice«* verspottet, ist bis heute eine Wunde im Bewusstsein der meisten Einheimischen Papuas: Darin stimmten etwa 1.200 Stammesführer für ihre Stammesgenossen ab; es wird von kaum jemanden geleugnet, dass diese Abstimmung manipuliert war.

Inzwischen verschlechterte sich die wirtschaftliche Situation des Landes zusehends. Die seit 1942 nicht mehr erneuerte Infrastruktur verfiel immer mehr. Eine lange Trockenzeit führt 1961 zum ersten Mal zu ausgedehnten Hungersnöten auf Java. Zehntausende von in Lumpen gehüllten Dorfbewohnern zogen durch die Großstädte und durchsuchen Abfalltonnen und Müllkippen nach Essbarem.

Die Spannungen zwischen den verschiedenen politischen Kräften im Lande nahmen unterdessen ständig zu, insbesondere zwischen der Armeeführung, den Muslimen und den Christen einerseits sowie den Kommunisten andererseits. Als Gegenmaßnahme verkündete Sukarno die NASAKOM-Ideologie, mit der er die drei Hauptkräfte des Landes, den Nationalismus (NAS), die Religionen (Agama) und die Kommunisten (KOM) zur nationalen Einheit zusammenbinden wollte. Misstrauen gegenüber den Kommunisten war als »Kommunistophobie« verfemt. Die Presse geriet immer mehr unter kommunistischen Einfluss, 24 antikommunistische Zeitungen werden Ende 1964 kurzerhand verboten. Außenpolitisch lehnt sich Sukarno immer stärker an Peking an, und 1963 verkündete er die totale Konfrontation gegen das »neokolonialistische Projekt« Malaysia – die unter britischer Beihilfe zustande gekommene Union von Malaia mit Sabah und Sarawak, den zwei ehemaligen britischen Kolonien auf Borneo. Anfang 1945 verließ Indonesien die UNO in der Absicht, eine Gegenorganisation der *new emerging forces* zu bilden, zu der die Länder Asiens, Afrikas und Lateinamerikas sowie die sozialistischen Länder gehören sollen. Aber es gelang Sukarno nicht mehr, die Aufmerksamkeit seiner Landsleute nach außen abzulenken. Die innenpolitische Lage war gespannt, und gewalttätige Zwischenfälle häuften sich.

2 Der Aufstieg Suhartos und der Sturz Sukarnos

Am 1. Oktober 1965 unternahm eine Gruppe linker Offiziere, die sich »Bewegung des 30. Septembers« nannte (*Gerakan 30 September*, meist abgekürzt als G30S) einen Putschversuch. Sechs der ranghöchsten Generäle der Armee wurden verschleppt und ermordet. Allerdings gelang es dem Diensthöchsten, General Nasution, zu entkommen; stattdessen fällt sein Adjutant den Putschisten zum Opfer. Der Putsch dehnt sich auf Mittel-Java aus, wo in einigen Gebieten mithilfe der Kommunistischen Partei Revolutionsräte gebildet werden. Damit beginnt eine der grausamsten Katastrophen des 20. Jahrhunderts, die übrigens im politischen Bewusstsein des Westens damals kaum wahrgenommen wurde.

Der dilettantisch ausgeführte Putsch wurde in Jakarta noch am selben Tag von der Armee niedergeschlagen, in der General Suharto, Kommandant der Strategischen Reserve (*Kostrad*), das Kommando übernahm. Dabei ignorierte er Sukarnos Befehl an die beiden Parteien, keine weiteren militärischen Aktionen zu unternehmen. Suharto standen als Stoßtruppen das RPKAD, die Para-Elitetruppen der Armee, zur Verfügung. Mitte Oktober waren sie in Mitteljava angekommen. Solo und Yogyakarta, die letzten Bastionen putschender Militärs, fallen kampflos.

Inzwischen wurden die Kommunisten beschuldigt, hinter dem Putsch gestanden zu haben. Bereits am 2. Oktober kam es zu vorher undenkbaren Demonstrationen islamischer und katholischer Studenten gegen die Kommunisten. Aber Sukarno wollte an NASAKOM festhalten und weigerte sich, die kommunistische Partei zu verbieten. Dennoch wurden über ganz Indonesien von der Armee Zentralen und Büros der Kommunistischen Partei besetzt. Inzwischen begann das RPKAD in Mitteljava mit Säuberungen. Systematisch wurden in Städten und Dörfern Kommunisten und Anhänger prokommunistischer Organisation verhaftet und in Lager gebracht. Einige führende Kader hat man direkt vor Ort exekutiert. In einer Konfrontation zwischen islamischen Milizen und der kommunistischen Volksjugend (*Pemuda Rakyat*) bei Banyuwangi in Ostjava wurden, so erzählte man jedenfalls, 87 Muslimmilizen umgebracht. Das löste in Ostjava eine umfassende Kommunistenjagd aus. Im Gegensatz zu Mitteljava waren es hier nicht die Militärs, sondern islamische Ansor Milizen der NU, die nun die Dörfer systematisch nach Kommunisten absuchten und diese exekutieren. Horrorgeschichten über mit Leichen verstopfte Flüsse kursierten. Eine Kommission, die Sukarno im Dezember nach Ostjava schickte (und deren Mitglieder später vom Militär verhaftet wurden), meldete 87.000 Tote, mit dem Zusatz, lokale Militärs schätzten die reale Zahl auf das Fünffache.

Am zweiten Dezember verschwand der kommunistische Gouverneur der Provinz Bali spurlos. Auch dort begann jetzt eine beispiellose Jagd »nationalistischer« Jugend auf Kommunisten. Bei zwei Millionen Balinesen wird die Zahl der ermordeten Kommunisten auf zwischen 75.000 und 100.000 geschätzt. Aber die Welle der Exekutionen, überall mit der Armee im Hintergrund, läuft weiter durch Indonesien. So durch Nordsumatra. Nach Jahresanfang hat sie zum Beispiel auch das katholische Flores erreicht, wo etwa 6.000 katholische Kommunisten von katholischen Jugendmilizen umgebracht wurden. Die letzten Morde fanden im Juni 1966 statt.

Politisch war die Lage zunächst ungeklärt. Sukarno war zwar die reale Kontrolle weitgehend entglitten, aber er hielt an NASAKOM, seinem Ideal der »Revolution, die noch nicht zu Ende ist« und seiner linken Außenpolitik fest. In Jakarta formierten sich inzwischen die Studenten in immer größeren Demonstrationen, die sich ab Januar direkt gegen Sukarno richten. Sukarno-Anhänger mobilisierten im Gegenzug Pro-Sukarno-Studenten. Suharto schien beiseitegeschoben. Aber am 11. März musste Sukarno eine Kabinettsitzung abbrechen, da der Präsidentenpalast von unbekannten Truppen umstellt worden war. Er flog mit einem Hubschrauber in seinen Palast nach Bogor. Dort unterbreiteten ihm drei Generäle im Namen Suhartos, der selbst mit Grippe im Bett lag, ein Dokument, das er nach einigen Revisionen unterschreibt. Darin beauftragte Sukarno Suharto, alle Maßnahmen zu ergreifen, um die Ruhe im Lande wieder herzustellen sowie um Sukarno zu schützen. Diesen »Brief des 11. März« (*Surat Sebelas Maret*, abgekürzt *Supersemar*, mit Anspielung auf Semar, die mächtigste Figur im javanischen Schattenspiel) nutzte Suharto, um de facto die Macht zu übernehmen. Am 12. März verbot er die Kommunistische Partei, wenige Tage später bildet er ein neues Kabinett, wobei etwa 20 frühere Minister verhaftet wurden. Im Juli bestätigte der inzwischen von Kommunisten »gesäuberte« Vorläufige Ratgebende Volkskongress einstimmig diese Machtübertragung an Suharto. Sukarno ist noch weiter Präsident bis zum Februar 1967, aber tatsächlich ist er entmachtet. Eine neue Phase in Indonesiens Geschichte beginnt.

3 Wie konnte das passieren?

Wir werden nie genau wissen, wie viele Menschen 1965/66 unter der Beschuldigung, bei der Septemberbewegung mitgemacht zu haben, ermordet wurden. Schätzungen liegen zwischen 500.000 und 3.000.000 (diese wohl zu hoch gegriffene Zahl nannte Oberst Sarwo Edi, der die Säuberungen in Mitteljava befehligte). Wie auch immer, die Kommunistenmorde Indonesiens gehören zu den schlimmsten genozidalen Massakern des 20. Jahrhunderts.

Und das war nicht alles. Weitere fast zwei Millionen Menschen (Sicherheitschef Admiral Sudomo sprach einmal von 1,9 Millionen) wurden verhaftet. Die meisten kamen als Mitläufer (sogenannte Gruppe C) nach einigen Monaten wieder auf freien Fuß. Aber gut 200.000 »verwickelte« (Gruppe B: führende Kommunisten, denen man mangels Beweisen keinen Prozess machen konnte) kamen für viele Jahre in Lager, darunter auf die berüchtigte Konzentrationslagerinsel Buru in Ostindonesien. (Zur Gruppe A gehörten diejenigen, denen vor einem außerordentlichen Militärgerichtshof der Prozess gemacht wurde, wie zum Beispiel Sukarnos Außenminister Subandrio oder das Mitglied des ZK der PKI Sudisman). Die letzten 30.000 Lagerinsassen wurden erst 1978 auf Druck von Präsident Jimmy Carter freigelassen. Alle diese Menschen und ihre Familien bekamen besondere Kennkarten, auf denen »Ex-Verhafteter« oder »verwickelt« an einem Code zu erkennen war. Exverhaftete mussten sich jede Woche bei der Polizei melden. Sie und ihre Familienmitglieder konnten keine Staatsangestellten werden. Auch andere Berufe waren ihnen versperrt, sie konnten bei Wahlen nicht mitwählen und waren leicht zu erpressen. Insgesamt vielleicht 10 Millionen Indonesier waren auf diese Weise öffentlich stigmatisiert und aus der Volksgemeinschaft ausgeschlossen worden. Obwohl die meisten diskriminierenden Bestimmungen in den letzten Jahren der Suharto-Regierung aufgehoben worden sind, fühlen sich viele dieser Menschen bis heute diskriminiert.

Das Bestürzende ist, dass diese Verbrechen politisch gesehen unnötig waren. Man hätte im Oktober die Kommunistische Partei (PKI) und alle affilierten Organisationen verbieten können. Das wäre, auch ohne Morde, das Ende der PKI gewesen. Die Tatsache, dass die als mächtig angesehene PKI – mit drei Millionen Mitgliedern (zählt man die Mantelorganisationen mit kam man auf 20 Millionen) – nicht in der Lage war, Widerstand zu leisten, beweist das. Man kann fragen, hätten die Morde nicht stattgefunden, wenn Sukarno einem Verbot der Partei zugestimmt hätte? Es ist schwer, darauf eine Antwort zu geben.

John Roosa[3] vermutet, dass Suharto selbst den Befehl zu den Morden gegeben hat. Das scheint mir unwahrscheinlich. Javaner brauchen keine ausdrücklichen Befehle. Sie wissen subkutan, aus welcher Richtung der Wind weht. Und Sarwo Edi, der Kommandant der RPKAD-Elitetruppen, brauchte sowieso keine Ermunterungen dieser Art. Ende Dezember wurde Sarwo Edi von Suharto nach Bali geschickt, wie er uns auf einer Veranstaltung in Yogyakarta einmal erklärte,

---

3 Roosa, John 2006, *Pretext for Mass Murder. The September 30th Movement and Suharto's Coup d'État in Indonesia*, The University of Wisconsin Press.

nicht um Kommunisten zu jagen, sondern um das Morden zu stoppen. Wie kann man also erklären, dass auf Bali die Bevölkerung selbst die bestialischsten Morde verübte? Wie kam es zu diesen Morden, die zum Teil kaltblütig nach Listen und systematisch durchgeführt wurden?

Der Verfasser ist in keiner Weise in der Lage, darauf eine schlüssige Antwort zu geben. Vielleicht wird sie niemals gegeben werden können. Aber es bieten sich einige Überlegungen an. »Kommunisten« (man muss es in Anführungszeichen schreiben, denn die meisten Opfer der Säuberungen waren keine »wirklichen« Kommunisten) waren nicht nur ideologische Gegner. Indonesien hatte sich 1965 bereits in Prokommunisten und Antikommunisten gespalten. Jahre kommunistischer Beherrschung der Medien, kommunistischer Hetze gegen die islamische, von Sukarno verbotene Masyumipartei, gegen den Islamischen Studentenverband HMI (mit dem sich die katholischen Studenten des PMKRI immer solidarisch gefühlt haben), gegen die Unterzeichner eines »Kulturmanifests für Gedankenfreiheit« (*Manikebu*), zu dem führende indonesische Intellektuelle gehörten, kommunistische Drohungen gegen die »sieben Teufel der Dörfer«, gegen landbesitzende *kiyais* (islamische lokale Führer) und »kapbir« (bürokratische Kapitalisten) hatten ein Gefühl des »Entweder-ihr-oder-wir« entstehen lassen. Mit anderen Worten, die Kommunisten waren bereits gefürchtete Todfeinde, seit sie ab etwa 1963 unter Sukarnos Schutz immer mehr eine Art politische Hegemonie in Indonesien ausübten. Viele, darunter dieser Autor, rechneten damit, dass die Kommunisten in nicht allzu ferner Zeit die Macht übernehmen würden. Und dann erinnerte man sich an die Tausende, die von Kommunisten in der Madiun-Affäre vor nur 17 Jahren ermordet worden waren. Von daher fand der Entschluss des Militärs – der natürlich nie formuliert worden war –, ein für alle Mal mit den Kommunisten aufzuräumen, in der nicht kommunistischen Bevölkerung volle Zustimmung – zumal Sukarnos

Weigerung, die PKI zu verbieten, befürchten ließ, dass sie, eines Tages doch wieder auf die Beine kommen würde. Ein beachtlicher Teil der Indonesier empfand die Vernichtung der Kommunisten und die Machtübernahme durch Suharto am 11. März spontan als große Erleichterung, als das Ende eines ständigen Bedrohungsgefühls. Hinzu kam wohl auch, dass in der indonesischen Harmoniegesellschaft eine Gruppe, die sich extrem konfrontativ und aggressiv gibt, schließlich nicht mehr akkommodiert werden kann. Darin liegt wohl auch der Grund, warum bis heute eine Aufarbeitung dieser schrecklichen Ereignisse auf schwerste Widerstände stößt, vor allem natürlich beim Militär und bei Islamisten, aber auch bei anderen. Die wachsende Zahl von Gruppen, die sich um eine solche Aufarbeitung bemühen – der erste Schritt wäre die Anerkennung der Opfer als Opfer – stoßen auf Misstrauen und Aggression.

Eine letzte Frage: Wer stand nun wirklich hinter der »Bewegung des 30. September«? Sie ist bis heute heiß umstritten. Hier ist nicht der Ort, auf verschiedene Theorien einzugehen. Folgende Punkte halte ich aber für ziemlich gut gesichert.[4]

1. Der Coup wurde von linken Offizieren des Militärs ausgeführt, um die antikommunistische Armeeführung zu beseitigen. Das hätte Präsident Sukarno freie Hand zur Bildung eines NASAKOM-Kabinetts gegeben.
2. Die These des frühen Cornell Papers[5], dass es sich um eine rein innermilitärische Auseinandersetzung gehandelt habe, die dann Suharto und die Armee benützten, um die Kommunisten, die mit dem Coup nichts zu tun hatten, zu vernichten, ist nicht haltbar.

---

4 Ich beziehe mich dabei vor allem auf Roosa (2006), dessen Darstellung der Fakten und Diskussion der Hintergründe und Implikationen ich für die bisher überzeugendste halte.

5 Anderson, Benedict R. & McVey, Ruth T. (1971). *A Preliminary Analysis of the October 1, 1965, Coup in Indonesia.* Interim Reports Series. Ithaca, NY: Cornell Modern Indonesia Project.

3. Wie John Rosa, ein entschiedener Gegner Suhartos, in einer der solidesten Darstellungen der Ereignisse beweist, hat der Führer der Kommunistischen Partei, D. N. Aidit, den Coup entscheidend bestimmt; es ist inzwischen auch erwiesen, dass die Ausführung in den Händen von Sjam Kamaruzaman lag, dem Leiter eines Geheimbüros der PKI unter der persönlichen Führung von Aidit[6] und nicht in den Händen der beteiligten Militärs, was auch die dilettantische Ausführung des Coups erklären würde.
4. Direktes Ziel des Coups war nicht eine kommunistische Machtübernahme, sondern die Bildung eines neuen NASAKOM-Kabinetts durch Sukarno, in dem die PKI voll vertreten gewesen wäre. Die getöteten Generäle galten als Haupthindernis für die Bildung eines solchen Kabinetts.
5. Dringend war der Coup in den Augen Aidits, weil im August 1965 zehn rotchinesische Ärzte, die Sukarno nach einem Schwächeanfall untersucht hatte, erklärten, er habe nur noch drei Monate zu leben. Aidit war überzeugt, dass nach dem Tode die Armee sofort gegen die Kommunisten vorgehen würde.
6. War Sukarno selbst verwickelt? Das hängt davon ab, ob man der Aussage eines seiner Adjutanten (Bambang Widjanarko) glaubt, der behauptete, Sukarno habe im August Oberstleutnant Untung, den offiziellen Anführer des Coups, beauftragt, einen gewissen »Rat der Generäle«, der einen Coup d'État plane, unschädlich zu machen. Selbst wenn diese Aussage wahr wäre, darf doch mit Sicherheit angenommen werden, dass Sukarno nicht an eine Ermordung dieser Generäle dachte. Die Tatsache, dass sich Sukarno im Hauptquartier der Anführer am 1. Oktober weigerte, den Coup zu unterstützen – was den Coup zusammenbrechen ließ –, könnte dadurch erklärt werden,

6 *Biro Khusus PKI*, dessen Hauptaufgabe kommunistische Infiltration des indonesischen Militärs war.

dass er über die Ermordung der Generäle erschrocken war.

7. Stand Suharto hinter dem Coup? Warum wurde er, zweitranghöchster General der Armee, nicht auch ermordet? Offenbar hofften die Putschisten, dass Suharto mit dem Putsch einverstanden sei. Wenige Stunden vor Beginn der Aktion besuchte Oberst Latif, einer der fünf Putschführer, Suharto und teilte ihm mit, dass es zu einer Aktion gegen Anti-NASAKOM-Generäle kommen würde. Suharto (der in einem Krankenhaus bei seinem kranken Sohn war) unternahm nichts, um die Generäle zu warnen. Wahrscheinlich ist, dass Suharto erst da von dem geplanten Putsch erfahren hat, dass er, ein Rivale des zu ermordenden Armeechefs General Yani, die Sache laufen lief, zumal er keinen Anlass hatte zu vermuten, dass bei der Aktion Blut fließen würde. Einen halben Tag später wandte Suharto sich dann gegen den Putsch. Dafür, dass er selbst den Coup geplant und dann die Anführer verraten hätte, gibt es keinerlei gute Gründe oder gar Beweise.

4 Beginnende Aufarbeitung

Bis heute ist es kaum möglich, über diese Ereignisse sachlich zu reden, zumal »sachlich« in einem solchen Zusammenhang unmöglich »neutral« bedeuten kann. Es gibt auf Java einige Gruppen, unter anderem eine Gruppe junger Frauen und Männer der NU, die die Morde untersuchen und mit den Angehörigen der Ermordeten Kontakt aufnehmen. In Flores hat ein katholischer Priester über tausend Opfer identifiziert und Versöhnungszeremonien mit deren Hinterbliebenen gehalten. Das Erste ist dabei immer, die Opfer als Opfer anzuerkennen. Aber im Allgemeinen sind die Ereignisse immer noch tabuisiert, und erwähnt man »Kommunisten«, so kommen sofort die alten Aggressionen gegen diese »Atheisten«, die »uns ermordet hätten«, wieder hoch. Die stärksten Widerstände hegen naturgemäß ehemalige Armeeangehörige, sodann islamische Gruppen. Immer wieder wird als Schreckensgespenst ein Wiedererstehen der Kommunistischen Partei an die Wand gemalt. Präsident Susilo Bambang Yudhoyonos Plan, offiziell um Verzeihung für alle Menschenrechtsverletzungen durch den indonesischen Staat zu bitten, löste eine solche Welle der Empörung aus, dass er nie mehr auf diese Idee zu sprechen kam. Bis heute trauen sich Menschen, die einmal in irgendeiner Weise als kommunistisch angehaucht stigmatisiert wurden, nicht an die Öffentlichkeit.

Unter Suharto war die ganze Nation »anti-G30S« indoktriniert worden. Schon dadurch, dass man nicht von »G30S«, sondern von »G30S/PKI« sprach, wurde der Name der Kommunistischen Partei zum Synonym für die »Bewegung des 30. Septembers«. Lange Zeit kürzte man das indonesische *gerakan tigapuluh September* zum Akronym »Gestapu« ab. Jedes Jahr am Vorabend des 1. Oktober lief im nationalen Fernsehen ein Film über die angeblichen Ereignisse von damals.[7] Er malte die Folterung der drei nicht bei der Entführung selbst getöteten Generäle detailliert aus. Besonders schlimm diffamierte der Streifen die kommunistische Frauenorganisation *Gerwani*, deren Anhängerinnen angeblich nackt um die toten und lebenden entführten Generäle getanzt und ihnen die Geschlechtsorgane abgeschnitten hätten. Das Wort »Gerwani« jagt vielen Indonesiern noch heute Schauer über den Rücken. Dabei wurde am 3. Oktober über die sieben Leichen, die man aus einem Brunnen geborgen hatte, ärztlich offiziell festgestellt, dass die Getöteten

7 Der Film mit dem Titel »Pengkhianatan G30S-PKI« (»Der Verrat der Bewegung des 30. September/PKI«) wurde von einem der besten Regisseure Indonesiens produziert, von Arifin C. Noer, und hat die Sicht Suhartos und des Militärs auf den Aufstand tief in die Bevölkerung eingeimpft.

außer Schusswunden keine weiteren Verletzungen aufwiesen. Der Bericht der Leichenschau ist bis heute erhalten.

Ein wichtiger Unterschied zwischen Deutschland und Indonesien besteht darin, dass es den Deutschen leichter fiel, das Dritte Reich als Zeit fürchterlicher Verbrechen zu akzeptieren, weil Hitler und die Nazis Deutschland in den totalen Untergang geführt hatten. Dagegen begann Indonesien unter Suharto, sich in kurzer Zeit von der allgemeinen wirtschaftlichen Misere unter Sukarno zu erholen. Der Hunger hörte auf, der Lebensstandard stieg schon im ersten Jahr von Suhartos Regierung, Indonesien wurde bei allen Schwächen fühlbar immer gesünder und stärker. Mit dem Verschwinden der Kommunisten besserte sich die Lage der meisten Indonesier. Mit Ausnahme der bis zu 20 Millionen Opfer der PKI-Säuberungen bedeutete Suhartos Machtübernahme für die meisten anderen Indonesier den Beginn eines besseren Lebens. Daraus erklärt sich zweifellos auch, warum die Geschichtsklitterung, mit der man die Bevölkerung von nun ab regelrecht indoktrinierte, nämlich dass an allen früheren Problemen einzig Sukarno und die Kommunisten schuld gewesen seien, so bereitwillig akzeptiert wurde.

5 30 Jahre Neue Ordnung

Am 27. März 1968 wurde Suharto vom Ratgebenden Volkskongress MPR auf fünf Jahre zum zweiten Präsidenten der indonesischen Republik gewählt. Die »Neue Ordnung«, so nannte Suharto das Indonesien nach Sukarno unter seiner Führung, saß nun fest im Sattel.

Die Ereignisse, die mit dem Putsch vom 1. Oktober 1965 begannen, haben in Indonesien zu einer radikal veränderten Machtkonstellation geführt. Die Kommunisten, unter Sukarno zur stärksten zivilen Machtgruppe aufgestiegen, waren vernichtet. Die übrigen politischen Parteien hatten sich als unfähig erwiesen, irgendwie in die neuen politischen Entwicklungen einzugreifen.

Damit wurde das Militär, insbesondere die Armee, die den Oktoberputsch niedergeschlagen und Sukarnos Versuch, zu einem *Status quo ante* zurückzukehren, vereitelt hatte, zur tragenden politischen Kraft der Neuen Ordnung. Ihre Machtposition legitimierte sie mit der Doktrin der sogenannten Doppelfunktion des Militärs: Seit den Jahren der Revolution galt im indonesischen Militär die These, dass in Indonesien die Streitkräfte neben ihrer traditionellen Aufgabe, das Land zu verteidigen und die innere Sicherheit zu garantieren, auch eine »zivile Sendung« (*civil mission*) hätten. Das Militär beanspruchte damit, eine der sozialpolitischen Kräfte des Landes zu sein. Mehr noch, das Militär sah sich als Wächter der Verfassung von 1945 und der Treue zur *Pancasila*, ein Anspruch, der in den 32 Jahren der Regierung Suhartos nicht infrage gestellt werden konnte. Das Militär begründete seinen Anspruch einerseits mit seiner entscheidenden Rolle im Unabhängigkeitskampf gegen die holländischen Kolonialherren, andrerseits mit der weithin geteilten Meinung, dass die ersten 20 Jahre der Republik eine Geschichte des Versagens der zivilen Politiker darstellten. Das Militär versteht sich zudem als Retter der Staatsphilosophie vor den Attacken des extremen Islams und der Kommunisten.

In der Praxis bedeutete das: Nichts lief ohne Militär. Im Namen des sogenannten Territorialprinzips baute es jetzt eine parallele Kommandostruktur zu Zivilverwaltungen bis hinunter ins letzte Dorf auf. Die Mehrzahl der Provinzgouverneure war bis in die späten achtziger Jahre Militärs, und ebenso verhält es sich mit den Bupatis (Distriktchefs), Camats (Landräten) und Bürgermeistern (*lurah*, *walikota*). Auch die Vorsitzenden von Golkar, Suhartos politischer Parteimaschine (siehe unten), waren Militärs. Erst in den neunziger Jahren, als Suharto seine politische Basis erweitern möchte und sich dem politischen Islam zuwendet, strampelten sich zivile

Amtsträger mehr und mehr von der militärischen Aufsicht los.

Außenpolitisch nahm Indonesien einen totalen Kurswechsel vor. Hatte es unter Sukarno einen extrem antiwestlichen Kurs eingeschlagen, dessen Höhepunkt Indonesiens Austritt aus den Vereinten Nationen in Solidarität mit der Volksrepublik China war, so schlägt das Suharto-Indonesien nun einen dezidiert prowestlichen Kurs ein. Die Konfrontation mit Malaysia wird sofort abgeblasen, Indonesien kehrt in die UNO zurück, Suharto bricht die diplomatischen Beziehungen mit Peking ab (die erst 1990 wieder aufgenommen werden). Als Gegenleistung erhält Indonesien massive Wirtschafts- und Militärhilfe aus dem Westen. Indonesien wird zur stärksten Kraft in der neu errichteten Assoziation Südostasiatischer Staaten (ASEAN).

Die Führung der »Neuen Ordnung« nimmt eine alle Bereiche des öffentlichen Lebens erfassende Umgestaltung der politischen Strukturen in Angriff. Pointiert wird die *Pancasila* zur einzigen Philosophie der indonesischen Gesellschaft erklärt – allerdings eine *Pancasila*, die zur ideologischen Rechtfertigung der Neuen Ordnung uminterpretiert wird. Unter Berufung auf diese rechtfertigte man die Unterdrückung der Kommunistischen Partei und das Verbot der Verbreitung von Kommunismus und Marxismus-Leninismus. Die verschiedenen, von Sukarno entworfenen Ideologien wie *NASAKOM*, Marhaenismus (Sukarnos Ideologie eines »indonesischen Verhältnissen angepassten Marxismus«) und die Lehre von der »Revolution, die noch nicht abgeschlossen ist«, werden als ideologische Abweichungen gebrandmarkt und aus dem politischen Leben ausgeschaltet. Schließlich erteilt die Neue Ordnung unter Berufung auf die *Pancasila* allen Bemühungen um eine stärkere Islamisierung des Staates eine klare Absage.

1971 ist Suharto soweit, dass er die ersten, relativ freien Wahlen abhalten kann. Golkar, eine aus verschiedenen Zivilorganisationen des Militärs gebildete politische Gruppierung, die sich mit Absicht nicht »Partei« nennt, gewinnt die Wahlen mit über 60 Prozent der Stimmen. Nun wird das politische System der Neuen Ordnung fertiggestellt. Die übriggebliebenen Parteien müssen in eine islamisch orientierte (PPP) und eine säkular orientierte Partei (PDI) fusionieren. Um eine neue Ideologisierung der Bevölkerung, wie sie zur Konfrontation von 1965 geführt hatte, unmöglich zu machen, wird den Parteien im Namen einer Doktrin der *floating mass* jegliche Aktivität unterhalb der Landkreisebene verboten. Da aber alle Staatsangestellten bis hinunter auf die Dorfebene automatisch Golkar-Mitglieder sind, ist ein Sieg von Golkar für die Zukunft garantiert. Unter Suharto erhielt Golkar stets zwischen 60 und 72 Prozent aller Stimmen.

Erste Priorität der Regierung der Neuen Ordnung war der Wiederaufbau der von Sukarno in einem desolaten Zustand hinterlassenen Wirtschaft des Landes. *Pembangunan*, »Aufbau« oder »Entwicklung«, wird zum Schlagwort der Neuen Ordnung. Suharto beruft hochkarätige Wirtschaftsfachleute in sein Kabinett. Damit beginnt der sensationelle wirtschaftliche Aufstieg Indonesiens zu einem Schwellenland, wobei die absolute Armutsziffer von 60 Prozent auf 13 Prozent im Jahr 1997 vor Ausbruch der asiatischen Finanzkrise zurückgeht. Trotz vieler Kritik, die vorgebracht werden kann, muss das Suharto-Indonesien als eine wirtschaftliche Erfolgsgeschichte bezeichnet werden. Dieser gefühlte Fortschritt – über ganz Indonesien wird ein funktionierendes Verkehrsnetz gelegt, selbst Dörfer erhalten Elektrizität, es gibt keine großen Hungerkatastrophen mehr – ist sicherlich ein Hauptgrund für die Stabilität der Suharto-Regierung. Den meisten Menschen ging es unter Suharto einfach immer besser.

Ein wichtiges Element in Suhartos politischer Neuordnung stellte der Islam dar. Zwar bekam der politische Islam zunächst keine Chance zu einer Mitbestimmung in der indonesischen Politik. Andererseits sah Suharto in der Förderung der Religiosität der Bevölkerung ein wichtiges Mittel, um jedes Wiederhochkommen des Kommunismus unmöglich zu machen. Daher setzte der Staat die Menschen unter Druck, aktiv am religiösen Leben teilzunehmen. Die möglicherweise nicht direkt intendierte Folge war eine wachsende Islamisierung der Bevölkerung. Galt früher regelmäßiges Beten und Moscheebesuch noch als Zeichen von Rückständigkeit, so begannen Muslime, die am Freitag nicht die Moschee besuchten und nicht ihre täglichen fünf Gebetszeiten einhielten, sich zu schämen. Während früher zahlreiche javanische Dörfer keine Moschee hatten, erhielt seit den siebziger Jahren jedes Dorf seine eigene. Über eine Stiftung finanzierte Suharto den Bau dieser oft sehr schönen Moscheen in allen großen Städten.

Ein entscheidender Richtungswechsel betraf die sogenannten Innerlichkeitsgruppen (*kebatinan*), die immer schon vor allem unter den Javanern blühten. Diese Gruppen, obwohl formell keine eigene Religion, folgten esoterischen javanischen oder sundanesischen Lehren, die oft synkretistische Elemente aus dem Islam, dem Hinduismus und dem Christentum verbanden. Suhartos eigene Religiosität war stark durch diese javanische Weise, Gott und die Welt zu sehen, bestimmt. In den ersten Jahren der Neuen Ordnung wurden diese Gruppen halbherzig gefördert als Gegengewicht zu dem, was fanatischer Islam genannt wurde – halbherzig deshalb, weil viele von ihnen als kommunistisch unterwandert galten. Die Vernichtung der Kommunisten schwächte diese Gruppen ungemein.[8] 1978 traf Suharto eine weitreichende Entscheidung. Golkar, Suhartos Regierungspartei, hatte die Innerlichkeitsgruppen im Kapitel »Religion« positiv in die »großen Richtlinien des Staates« (*garis besar haluan negara*) aufgenommen, ein programmatischer Text, der für jeweils 20 Jah-

---

8 Das stellt M. C. Ricklefs (2012, *Islamisation and Its Opponents in Java c. 1930 to the Present*, Singapore, NUS Press) dar. Nach ihm erholten sich die *kebatinan*-Gruppen später nicht mehr. Ganz sicher scheint das allerdings nicht zu sein.

re formuliert war. Von islamischer Seite wurde das als Versuch angesehen, den Islam zu schwächen, indem man diese javanischen Muslime als eigene Religion anerkannte. Daraufhin verließ die islamische Fraktion, geführt von der NU, demonstrativ den Saal. Sie setzten sich durch. Suharto ließ festlegen, dass Innerlichkeitsgruppen nicht als Religionen anzusehen seien und in die Zuständigkeit des Erziehungs- und Kultusministeriums gehörten. Seitdem sind viele dieser Gruppen aus der Öffentlichkeit abgetaucht.

6 Erfolgsgeschichte mit dunkler Unterseite

Suhartos Macht beruhte keineswegs nur auf dem Militär. Schon kurz, nachdem er die Macht übernommen hatte, geht es in Indonesien wirtschaftlich aufwärts. Die Inflation, die am Ende der Sukarno-Zeit auf 600 Prozent im Jahr geschnellt war, wurde unter Kontrolle gebracht. Die Reisproduktion steigt kontinuierlich. 1983 produzierte Indonesien zum ersten Mal in seiner Geschichte genügend Reis und wurde damit von Reisimporten unabhängig. Zunächst gestützt aufs Erdöl, dann aber durch industrielle Diversifizierung konsolidierte sich die Wirtschaft allmählich. Das jährliche Durchschnittswachstum Indonesiens von 1970 bis 1986 lag bei 6 Prozent. Und obwohl sich Suharto dabei auf einige wenige chinesische Konglomerate stützt, ging es auch den Armen besser. Die Dörfer auf Java, und langsam auch auf den anderen Inseln, wurden elektrifiziert. In ganz Indonesien entsteht ein Straßennetz, und per Flugzeug und Schiff konnte man jetzt überall hinkommen. Es herrschte gemäßigte Religionsfreiheit und der islamische Extremismus war unter Kontrolle. Auch die kleinsten Dörfer erhielten Schulen und Lehrer. Suhartos lange Regierungsdauer war nur möglich, weil die Menschen spüren, und zwar auch die unteren Einkommensverdiener, dass es ihnen besser ging. Lokalen Nahrungsmittelknappheiten half die Zentralregierung meist schnell ab.

Aber unter dieser Oberfläche verbarg sich eine dunkle Unterseite, die immer wieder aufbrach. Im Januar 1974 kam es zu großen Studentendemonstrationen gegen den Besuch des japanischen Premierministers Tanaka. Hunderte japanischer Autos wurden verbrannt. Suharto erkannte, dass sich der Protest in Wirklichkeit gegen ihn richtete, gegen Korruption und Günstlingswirtschaft. Zahlreiche Studenten wurden verhaftet und einige zu mehrjährigen Strafen verurteilt.

Im April 1974 gab es in Portugal eine »Nelkenrevolution« und Diktator Marcello Caetano wurde gestürzt. Das zog Unruhen nach sich in der portugiesischen Kolonie Osttimor, deren westlicher Teil zu Indonesien gehört. Im August 1975 übernahmen linke Kräfte die Macht in Osttimor. Antikommunistische Kräfte wenden sich an Indonesien. Am 7. Dezember 1975 landen indonesische Marinetruppen in der Hauptstadt Dilli. In kurzer Zeit besetzen indonesische Truppen ganz Osttimor, aber im Hinterland kämpft eine osttimoresische Befreiungsfront weiter gegen die indonesische Besatzung. Im Juni 1976 wird Osttimor schließlich zur indonesischen Provinz erklärt. Kampf gegen die Guerillatruppen und systematische Aushungerung führen in den ersten vier Jahren zum Tode von über 100.000 Osttimorern, bei einer Gesamtbevölkerung von etwa 650.000. Auch die Verluste der indonesischen Truppen sind hoch. Obwohl mit der Zeit die meisten Guerillaführer gefasst werden, darunter 1992 Xanana Gusmao, der spätere Präsident des freien Timor Leste, lebte die Aufstandsbewegung weiter. 1975 war die indonesische Invasion durch die Amerikaner, die fürchteten, dass Osttimor zu einem kommunistischen Brückenkopf werden könnte, ausdrücklich geduldet worden. Das änderte sich aber nach dem Ende der Sowjetunion. Ein Massaker in Dili 1991, das sich vor den Augen der Weltpresse abspielte, beendete die internationale Gleichgültigkeit gegenüber dem Schicksal der Osttimorer. Suharto musste führende Militärs absetzen. Das Massaker führte auch zur Einsetzung einer indonesischen Menschenrechtskommission, die sich gegen alle Erwartungen als wichtig erwiesen hat.

In Indonesien selbst herrschte keine Atmosphäre der Angst oder Unterdrückung. Wer mit Suhartos Regime nicht in Konflikt geriet, fühlte sich frei und hatte Aufstiegschancen. Auch wenn die Presse streng kontrolliert war, so konnten kritische Meinungen, benützte man die richtige Sprache, doch durchaus geäußert werden. Aber das änderte sich sofort, wenn man auf irgendeine Weise in Opposition zum Regime geriet, etwa durch offene Kritik an echten Schwachstellen der Regierung. Kritisiert wurde zum Beispiel die ständig zunehmende Selbstbereicherung der Familie des Präsidenten Suhartos. 1980 reichten 50 hochrangige nationale Persönlichkeiten, darunter General a. D. Nasution, der ehemalige Polizeichef Hugeng Imam Santoso, der überaus populäre ehemalige Gouverneur von Großjakarta, Ali Sadikin, sowie einige Gründerpersönlichkeiten der Republik eine Petition bei Suharto ein. Darin protestierten sie dagegen, dass Suharto die *Pancasila* benütze, um Opposition zu unterdrücken und sich selbst die exklusive Erklärungsautorität zuzuschreiben. Suharto reagierte pikiert. Er schätze diese Art von Kommunikation nicht. Vor allem ärgerte ihn, dass sich die Autoren als Patrioten bezeichneten. Den 50 Unterzeichnern wurde das Recht, aus Indonesien auszureisen, entzogen, Zeitungen und andere Medien durften keine Fotos mehr von ihnen veröffentlichen und keine Aussagen von ihnen wiedergeben. Der Beteiligten wurden wirtschaftlich ruiniert. Diese »50er-Petition« (*Petisi 50*) entwickelte sich jedoch zur dauerhaften Oppositionsplattform in Indonesien, wo sich Suharto-Gegner aus allen religiösen Lagern – Islamisten, Liberale, Katholiken, ehemalige Kabinettsmitglieder und hohe Militärs – als Verteidiger der Demokratie und der Menschenrechte zusammenfanden.

Petrus

Viele Indonesier verbinden das Wort »Petrus« unmittelbar mit einem der übleren Vorkommnisse unter dem Suharto-Regime, auch heute noch. »Petrus« ist das Akronym von *penembakan misterius*, »geheimnisvolle Erschießung«. Es begann 1982 in Yogyakarta. Beinahe jeden Tage stand in der Zeitung, dass wieder zwei oder drei Kleinkriminelle »auf der Flucht erschossen« worden sind. Bald weiteten sich die Operationen nach Jakarta und in alle anderen Großstädten Javas aus, aber auch nach Medan und Palembang auf Sumatra. Am Morgen fand man immer wieder Leichen mit Schusswunden, meist mit einer Plastikschnur um den Hals. Immer handelte es sich um Kleingangster, sogenannte *preman*, die Märkte, Busstationen und ähnlich Orte unsicher machten. Über die Zahl der Exekutierten besteht keine Übereinstimmung. Der Medienkonzern *Tempo.co* spricht von 10.000 Toten zwischen 1982 und 1985 unter Berufung auf eine Untersuchung von David Bourchier, einem angesehenen Indonesianisten, aus dem Jahr 1990. Im Jahre 2012 nahm die Nationale Menschenrechtskommission KOMNASHAM die Untersuchung von 2.000 dokumentierten Fällen auf. Damals war die Reaktion in der Bevölkerung unterschiedlich. Vielfach wurde das Verschwinden dieser angsteinflößenden Typen mit Erleichterung aufgenommen. Aber es kursierten auch Gerüchte, dass aufgrund von Namensverwechslung auch Unschuldige exekutiert worden seien.[9] Da die Polizei damals zum Militär gehörte, wurde der oberste Militärchef, der Katholik General Benny

9 Ich erinnere mich, dass damals die katholische Bischofskonferenz (Kawali) und der Dachverband der Protestantischen Kirchen (DGI) eine Eingabe an den Oberbefehlshaber des Militärs, General Benny Murdani, einen Katholiken, machten, in dem sie das Ende dieser »extra judicial killings« forderten, auch wegen der Befürchtung, dass die sich nach lateinamerikanischem Muster auch auf politisch Unwillkommene ausdehnen könnte (was dann aber nicht geschah).

Murdani, als Urheber dieser Aktion angesehen. Aber Benny leugnete ab und erklärte, die Toten seien Opfer eines Bandenkrieges. Erstaunlicherweise äußerte sich Suharto dann selbst in seiner 1989 von K. H. Ramadhan geschriebenen Autobiografie[10] dazu. Wie bei vielen anderen Fragen konnte Suharto es offenbar nicht ertragen, dass ihm untergeordnete Leute wie Benny Murdani eigene Ideen hatten und verteidigte »Petrus« als notwendige Maßnahme. Man habe die getötet, die Widerstand geleistet hätten. Dass man die Leichen einfach liegen ließ, sei als *shok therapy* gedacht gewesen. Man habe Verbrechen bekämpfen müssen, die die Maße der Menschlichkeit überschritten.

7 Suhartos Schwenk zum Islam

In den achtziger Jahren vollendet Suharto seine ideologische Neuorientierung der indonesischen Gesellschaft. Gegen erheblichen Widerstand, vor allem von Muslimen und Christen, setzt er zwei Gesetze durch, die sowohl politische wie nicht politische Organisationen verpflichteten, die *Pancasila* als einzige ideelle Grundlage in ihre Regelwerke aufzunehmen. Religiöse Organisationen konnten sich also sich nicht mehr auf ihre religiösen Überzeugungen gründen. Als in der Mitte des Jahrzehnts alle Organisationen schließlich diese Kröte geschluckt hatten, sah Suharto seine *Pancasila* als gesichert an. Das war für ihn die Voraussetzung, um sich dem Islam zu öffnen.

Dazu kam noch etwas: Wenig überraschend hatte Suhartos Golkar zwar die Wahlen von 1987 mit einer Zweidrittelmehrheit gewonnen. Aber es gab erste Anzeichen, dass sich im Militär, Suhartos eigentlicher Machtbasis, Widerstand

---

10 Suharto 1989, *Pikiran, Ucapan, dan Tindakan Saya*, Jakarta: Citra Kharisma Bunda.

gegen ihn zu formieren begann. Das hatte auch damit zu tun, dass »die Kinder« groß geworden waren. »Die Kinder« sind Suhartos Söhne und Töchter. In den achtziger Jahren begannen sie ihre unternehmerischen Karrieren. Ausländische Investitionen konnten praktisch nicht mehr getätigt werden, wenn nicht eines der sechs Suharto-Kinder zur Partnerschaft eingeladen wurde. Das galt ohne Ausnahme für die indonesisch-chinesischen Konglomerate, die unter Suharto zum Träger der Wirtschaftsentwicklung geworden waren und den Markt beherrschten.

Ab 1989 unternahm Suharto Schritte, die den vorher kurz gehaltenen muslimischen Politikern sowie anderen angesehen Persönlichkeiten Zugriff auf höchste politische Ämter und damit auch auf einträgliche (*basah*, wörtlich »feuchte«) Renditen eröffneten. Als Erstes erfüllte Suharto einen lang gehegten islamischen Wunsch, indem er die islamische Gerichtsbarkeit im Religionsministerium, zuständig vor allem für Eheschließungen und Erbangelegenheiten, der ordentlichen Gerichtsbarkeit gleich stellte. Wenig später ging Suharto mitsamt seiner Familie auf die kleine Pilgerfahrt nach Mekka (*umroh*). Als er am Opfertag 1991 selbst die große Trommel schlug, flogen ihm die Herzen vieler Muslime zu. Ende desselben Jahres gab Suharto dem »Verband muslimischer Intellektueller ganz Indonesiens« (ICMI) unter der Führung seines Technologieministers Habibie seinen Segen. Habibie garantierte ihm dafür, dass der ICMI nicht von radikalen Kräften übernommen werden würde.

Diese Entwicklung entfremdete Suharto einem Großteil der Militärführung. Im Militär bildeten sich nun zwei Fraktionen: Die »Rot-Weißen«, so genannt nach der indonesischen Nationalfahne, die sich als »Nationalisten« ansahen, und die »Grünen«, also die islamisch ausgerichteten Generäle. Eine Folge des islamischen Schwenks war eine Verminderung christlicher Minister. Im Kabinett von 1988 waren von 41 Mitgliedern 7 christlich, zum Teil auch noch in wichtigen Schlüsselministerien.[11] Jetzt wurden die Christen lauthals beschuldigt, an der zwei Jahrzehnte währenden Diskriminierung der Muslime durch die Neue Ordnung schuld gewesen zu sein. Staatliche Positionen sollten nun »proportional«, also nach dem Anteil der Christen (und anderer) an der Bevölkerung besetzt werden. Die Zahl der Angriffe auf Kirchen wuchs. Christen hatten den Eindruck, dass Suharto es sie fühlen ließ, wie sehr sie von ihm abhingen und dass sie nur ja nicht versuchen sollten, mit der ständig wachsenden Opposition zu sympathisieren.

In den neunziger Jahren zeigte die Neue Ordnung erste Schwächen. Es gelang Suharto zwar, einen beachtlichen Teil der bisher dem Regime reserviert gegenüberstehenden Muslime für sich zu gewinnen (sie standen dann auch bis zu den letzten Tagen seiner Herrschaft hinter ihm, weil sie um ihre Positionen fürchteten). Aber Abdurrachman Wahid, charismatischer Chef der 40 Millionen NU-Muslime, hatte sich schroff gegen den ICMI gewandt und hinter das rot-weiße Militär gestellte. Dieses nahm immer mehr Abstand zu Suharto. In Westkalimantan kam es zu den ersten blutigen Konflikten zwischen Dayaks und Malaien auf der einen und zugereisten Maduresen auf der anderen Seite. Als im April 1966 Suhartos Frau Sutinah – Ibu (»Mutter«) Tien – ganz plötzlich starb[12], schien Suharto einen Teil seiner Lebenslust verloren zu haben. Javaner deuteten den Tod von Ibu Tien als Zeichen dafür, dass Suharto von seiner *wahyu* verlassen wurde, dass also seine innere Mächtigkeit nicht mehr aus den übernatürlichen Quellen aufgeladen wurde.

Nun mehrten sich die Menetekel. Im Juli 1996 stürmten Schlägertrupps das Hauptquartier der Oppositionspartei

---

11 Wie Verteidigung, Finanzen und Wirtschaft.

12 Gerüchte wollten haben, dass Ibu Tien an den Folgen einer Schießerei im Hause Suharto starb, wo zwei seiner Söhne sich wegen eines Großprojekts in die Haare geraten waren.

PDI, die von Sukarnos Tochter Megawati Sukarnoputri geführt wurde. Es gab Tote, und mehrere Gebäude brannten in den darauffolgenden Unruhen, den schlimmsten seit den antijapanischen von 1974, ab. Auf einem von der Regierung gesponserten PDI-Kongress wurde Frau Megawati von ihrer eigenen Partei abgesetzt. In den Wahlen im folgenden Jahr sackte die PDI dann von 15 auf 3 Prozent ab, weil die Wähler die neue, von Suharto gestützte Parteiführung der PDI total ablehnten. 1996 kam es zu den ersten pogromartigen Attacken auf christliche Kirche. Nachdem im Juni in Surabaya zehn Kirchen mit Steinen beworfen worden waren, wurden am 10. Oktober im Zusammenhang mit einem Blasphemieprozess – mit dem Christen nichts zu tun hatten – sämtliche 24 Kirchen in und um die ostjavanische Stadt Situbondo angezündet. Am zweiten Weihnachtstag 1996 brannte man in der westjavanischen Stadt Tasikmalaya ohne Anlass 19 der 20 Kirchen nieder, wenig später alle fünf Kirchen in dem kleinen Rengasdengklok östlich von Jakarta. In keinem einzigen Fall folgten Verhaftungen oder ein Gerichtsverfahren. Die Christen begannen sich zu fragen, ob Suharto sie zur Jagd freigegeben habe.

Mitte 1997 brach dann die südostasiatische Finanzkrise aus, in deren Verlauf der Rupiah von 2.400 bis auf 15.000 Rupiah zu einem US-Dollar einbrach und das Bruttosozialprodukt um 10 Prozent zurückging. Im Januar 1998 kam es zu Plünderungen chinesischer Geschäfte und Unternehmen entlang der Nordküste Javas. Im März versuchte Suharto, seine Position durch ein neues Kabinett noch einmal zu stabilisieren. Aber zur gleichen Zeit begannen Studenten in Jakarta und anderen indonesischen Großstädten, durch ständig sich ausweitende Demonstrationen seinen Rücktritt zu fordern. Die Ermordung von vier Studenten durch Scharfschützen am Ende einer solchen Demonstration auf dem Gelände der Trisakti-Universität am 12. Mai 1998 führte zu den schwersten zweitägigen Unruhen, die Jakarta je in den letzten 200 Jahren erlebt hat. Am 21. Mai trat Suharto vom Amt des Präsidenten zurück. Für Indonesien begann ein neues Zeitalter.

Sechstes Kapitel

Im Schatten des Islam

Schatten beschützt vor den Strahlen der Mittagssonne, er kann aber ebenso ein nahes Unwetter ankündigen. Indonesien ist, wie bereits bemerkt, das Land mit den meisten Muslimen der Erde. Mitte 2014 gehören etwa 225 Millionen der 256 Millionen Indonesier auf irgendeine Weise dem Islam an. Dieser Islam ist zwar komplex, sowohl was die lehrmäßige Ausrichtung, als auch was seine Intensität angeht. Aber die Ansicht, die man manchmal hört, dass der Islam in Indonesien kein wirklicher Islam, sondern eben ein indonesischer, sanfterer oder was immer sei, ist schlichtweg unzutreffend. In der folgenden Darstellung gehe ich von der heutigen Situation aus, versuche sie zu analysieren und gehe von da auf die Geschichte des indonesischen Islams im 20. Jahrhundert zurück.[1]

1 Eine erstaunliche Situation nach 16 Jahren demokratischer Entwicklung

Das Erstaunliche dieser Situation wird an der Geschichte des modernen Indonesiens deutlich. Sie ist durch eine ständige Bedeutungszunahme des Islams gekennzeichnet. Die ersten zwanzig Jahre der Republik unter Sukarno standen ganz im Zeichen des indonesischen Nationalismus, obwohl zwei der vier größten politischen Parteien islamisch orientiert waren. Unter Suharto wurde zwar in den ersten 20 Jahren der poli-

1 Hier sei noch einmal auf Ricklefs (2012) verwiesen, ein Meisterwerk, das sich zwar auf Java beschränkt, aber dennoch die gesamte politische Entwicklung des Islams in Indonesien seit dem Beginn des 20. Jahrhunderts bis ins Detail hinein darstellt. Auf Ricklefs stütze ich mich vielfach.

tische Islam an die Kandare genommen, aber die innere Islamisierung ständig vorangetrieben. Seit Suhartos Schwenk zum Islam am Ende der achtziger Jahre wurde der indonesische Islam auch politisch immer einflussreicher. Und natürlich hatte auch der internationale Trend zu einem intensiveren islamischen Selbstbewusstsein, das mit der Revolution im Iran 1979 auf die Bühne der Weltpolitik trat, Indonesien erreicht.

Die Demokratisierung Indonesiens nach dem Sturz Suhartos hat gerade auch dem radikalen Islam in Indonesien ganz neue Möglichkeiten eröffnet. Radikale islamische Organisationen benützten die neue Organisations- und Redefreiheit, um an die Öffentlichkeit zu treten. Forderungen nach einer Islamisierung der Gesellschaft konnten nun gefahrlos gestellt werden. In kleinen und großen indonesischen Buchläden, zum Beispiel auf Flughäfen, nehmen islamische Bücher aller Art jetzt fast so viel Raum ein wie linke, marxistische und maoistische Literatur Anfang der siebziger Jahre in Deutschland. Kritik am Islam kann nur vorsichtig formuliert werden, nicht weil der Staat, sondern weil islamistische Gruppen sofort dagegen losziehen.

Allerdings hat sich in den Parlamentswahlen von April 2014 eine Konstante der indonesischen Demokratie bestätigt: Islamisch orientierte Parteien kommen seit der demokratischen Wende 1998 nicht über die 37 Prozent heraus. Das ist sogar weniger als in den einzigen früheren freien Wahlen, 1955, wo sie noch auf 43 Prozent kamen. In den vergangenen Präsidentenwahlen vom 9. Juli konnten die Wähler nur zwischen zwei Kandidaten wählen, beide gehörten zu den »Nationalisten«, nicht zu den »Islamisten« (dass Prabowo beinahe fanatisch von islamischen Hardlinern unterstützt wurde, hatte andere Gründe, er selbst machte gar kein Hehl daraus, nicht regelmäßigen zu beten). Trotz der im zweiten Kapitel genannten Tendenzen zur Intoleranz, insbesondere gegenüber heterodoxen islamischen Gemeinschaften, herrscht in Indonesien ein hoher Grad an Religionsfreiheit. Die großen islamischen Parteien haben sich hinter die jetzige Form des indonesischen Staates gestellt, sie erkennen ohne Ausnahme an, dass Indonesien auch ein Land für Hindus und Christen sein muss. Zwischen den beiden islamischen Großorganisationen NU und Muhammdiyah einerseits sowie den christlichen Gemeinschaften andrerseits bestehen bessere Beziehungen als je zuvor. Religionswechsel, auch die Taufe von Muslimen, ist in Indonesien weiterhin problemlos möglich. Und die Wut über Israels Angriffe auf Gaza wird durch das Entsetzen und die offene Verurteilung des IS in Syrien und im Irak übertönt. Mit dem neuen, pluralistisch eingestellten Präsidenten Joko Widodo und seinem *no-nonsense*-muslimischen Vizepräsidenten Jusuf Kalla scheinen für die nächsten fünf Jahre die Weichen eindeutig auf eine nicht islamistische Politik Indonesiens gestellt zu sein.

Wie ist diese Situation zu erklären? Wie ist zu erklären, dass die ständig zunehmende Islamisierung zu einem recht stabil-pluralen, nicht islamistischen Indonesien geführt hat? Woher kommt es, dass die Christen, die mit fast 10 Prozent die natürliche Gegengruppe zur islamischen Mehrheit darstellen, sich weiterhin frei bewegen können? Wie wurde Indonesien zu einem soliden pluralistischen *Pancasila*-Staat? Eine mögliche Antwort finden wir durch einen Blick auf die indonesische Zivilgesellschaft.

2 Die indonesische Zivilgesellschaft

Unter Zivilgesellschaft verstehe ich hier den Teil der Gesellschaft, der nicht in staatliche Institutionen eingebunden ist und der politischen Klasse interessiert und engagiert gegenübersteht. Dazu gehören die Medien, Nichtregierungsorganisationen (NGO), Universitäten, eben alle nicht staatlichen institutionalisierten Formen des Diskurses über die indonesische Gesellschaft.

Zunächst eine kleine Vorbemerkung. Es gibt in Indonesien keine Linke. Es gibt linke Gruppen in der Gesellschaft, ein paar linke NGOs, linke Studenten. Aber es gibt keine linke Partei und keine linke Lobby. Linke Parteien, die nach 1998 gegründet wurden, kamen nie über 0,1–0,2 Prozent der Wählerschaft hinaus. Dieser Ausfall der Linken ist die Folge der Kommunistenmassaker von 1965/66 und der darauf folgenden totalen Exkommunikation und Dämonisierung alles Linken durch das Suharto-Regime. Die indonesische Gesellschaft hat sich davon noch nicht erholt. Dabei hatte Indonesien von Beginn der nationalen Bewusstwerdung an immer eine starke, nicht nur kommunistische Linke gehabt. Das Nichtvorhandensein einer linken Bewegung ist eine der großen Schwächen der politischen Landschaft Indonesiens.

Zurück zur indonesischen Zivilgesellschaft. Mit 88 Prozent der Bevölkerung sind beinahe neun Zehntel aller Indonesier Muslime. Aber dieser indonesische Islam besteht aus sehr verschiedenen Elementen. Ganz grob können vier Gruppen deutlich unterschieden werden. Die Erste wurde früher in Indonesien gern als »Nationalisten« bezeichnet. Bei den Javanern sind das die *abangan*, wörtlich »die Roten«, zu denen 70 Prozent der javanischen Bevölkerung zählten. Die *abangan* gehören nur dem Namen nach dem Islam an. Ihre Religiosität ist viel stärker durch ihre alte javanische und hinduistische Tradition bestimmt. Ob es nach 40 Jahren zunehmender interner Islamisierung der Indonesier noch *abangan* gibt, ist umstritten. Heute beten die ehemaligen *abangan* meist ihre täglichen fünf Gebete, lehnen jedoch eine Scharia-Gesetzgebung strikt ab und wählen keine islamisch ausgerichteten politischen Parteien. Zu diesen Muslimen gehören ferner alle Menschen, die sich zwar zum Islam zählen und ihn praktizieren, aber in ihrer politischen Ausrichtung indonesische Nationalisten sind.

Die zweite Gruppe können wir den islamischen Mainstream nennen. Diese Muslime fühlen sich als Muslime, so wie praktizierende Katholiken sich als Katholiken fühlen. Sie halten die Pflichten ihrer Religion ein. Aber sie fühlen sich auch selbstverständlich als Indonesier und sind genauso nationalistisch wie die »Nationalisten«. Sie werden durch die »modernistische« Muhammadiyah Organisation und die traditionalistische Nahdlatul Ulama vertreten.

Die dritte Gruppe sind die islamischen Extremisten. Es hat sie in Indonesien immer gegeben und sie waren im indonesischen Islam immer eine Minderheit von nicht mehr als zehn Prozent. Zu ihnen gehörten die Anhänger der *Darul-Islam*-Bewegung, die den für sie »säkularistischen« *Pancasila*-Staat von 1945 ablehnte und in den fünfziger Jahren in Westjava, Aceh und Südsulawesi einen Aufstand gegen die Zentralregierung unternahm. In Folge der demokratischen Öffnung nach dem Sturze Suhartos bildeten sich in den letzten 16 Jahren zahlreiche kleine und größere Organisationen eines radikalen Islams heraus, die darin übereinkommen, dass sie aus Indonesien einen Islamstaat und aus ihrer Feindschaft gegenüber Christen und islamischen Sekten kein Hehl machen wollen. Ideologisch gehören diese Organisationen drei zu unterscheidenden Richtungen an:[2] Da gibt es die von Saudi-Arabien inspirierten und finanzierten Wahhabiten und Salafisten, sodann Anhänger der Ideologie der ägyptischen Muslimbruderschaft, wie sie von Hassan al-Banna und Sayed Qutb formuliert wurde, und schließlich Hizbuth Thahrir, eine in den meisten islamischen Ländern verbotene, in Jordanien gegründete Organisation, die prinzipiell Nationalstaaten ablehnt und das islamische Kalifat wieder einführen möchte.

---

2 Siehe dazu hervorragend: Wahid, K. H. Abdurrachman (Hg.) 2011, *The Illusion of an Islamic State. How an Alliance of Moderates Launched a Successful* Dschihad *Against Radicalization and Terrorism in the World's Largest Muslim-Majority Country*, Jakarta: LibForAll Foundation. Ferner: S. Yunanto, S. et. al. 2003, *Gerakan Militan Islam Di Indonesia dan Di Asia Tenggara*, Jakarta: Friedrich-Ebert-Stiftung/The Ridep Institute.

Die vierte Gruppe im indonesischen Islam ist die kleine Schar muslimischer Intellektueller, die voll hinter den Idealen der Religionsfreiheit, Demokratie und den Menschenrechten steht, die sich zum Teil sogar »liberal« nennen (wie etwa JIL, *Jaringan Islam Liberal*, das »Netzwerk des liberalen Islam«). Allerdings meiden die meisten von ihnen diesen Begriff, wegen der negativen Assoziationen, die in Indonesien mit »liberal« verbunden sind.

Es macht die Stärke der indonesischen Zivilgesellschaft aus, dass sich nicht nur die islamischen »Liberalen« und »Nationalisten« zum *Pancasila*-Staat bekennen, sondern auch der islamische Mainstream. Obwohl Muhammdiyah und NU ihre eigenen islamischen Agenden haben, bejahen sie nicht nur vorbehaltlos die Republik Indonesien, wie sie 1945 von Sukarno und Hatta verkündet wurde, sondern auch die Verfassung und ausdrücklich die fünf Prinzipien der *Pancasila*. Führer beider Organisationen haben explizit erklärt, dass für sie der auf der *Pancasila* basierende »Einheitsstaat der Indonesischen Republik« (NKRI, *Negara Kesatuan Republik Indonesia*) die endgültige Organisation des indonesischen Volkes sei. Einfacher ausgedrückt: Indonesische Mainstream-Muslime sind überzeugte indonesische Nationalisten.

Damit besteht die indonesische Zivilgesellschaft aus zwei Komponenten. Aus einem nationalistischen Block, zu dem bis zu 90 Prozent der Bevölkerung gehören, darunter – mit Ausnahme der Extremisten – der gesamte indonesische Islam sowie die 12 Prozent Nichtmuslime. Und aus islamischen Extremisten verschiedener Couleur und Intensität, die den *Pancasila*-Staat ablehnen und durch einen auf der Scharia basierenden Staat ersetzen möchten. Der große nationalistische Block macht die Stabilität der indonesischen Gesellschaft aus. 90 Prozent aller Indonesier sind im Prinzip bereit zu akzeptieren, dass es in Indonesien nicht nur verschiedene Kulturen, Ethnien und Rassen gibt, sondern auch verschiedene Religionen. Sie sind bereit, diese Verschiedenheit anzuerkennen und haben in erstaunlichem Maße gelernt, miteinander umzugehen.

Das Schlüsselelement dabei ist der Mainstream-Islam, wie er in Muhammdiyah und NU ausgeprägt ist. Um zu verstehen, wieso er gemäßigt und nationalistisch geblieben ist, müssen wir an den Beginn des vorigen Jahrhunderts zurückgehen.

3 Der indonesische Islam: Teil der indonesischen Nation

Für die ideologische Ausrichtung des Mainstream-Islams war sicherlich von großer Bedeutung, dass das Erwachen des Islams in Indonesien ein Teil des »nationalen Erwachens« überhaupt war. Indonesier datieren den Beginn des nationalen Erwachens auf das Jahr 1908, als *Budi Utomo* gegründet wurde – ursprünglich ein Verein javanischer Händler in Surakarta, die sich gegen die holländische und chinesische Konkurrenz wehren wollten. 1910 entstanden die ersten politischen Organisationen Indonesiens wie der *Sarekat Islam* (»Islamischer Bund«), aus dem viele islamistische und nationalistische Führer stammten, darunter auch Sukarno. Allerdings brachte er auch die ersten kommunistischen Zellen hervor, die sich 1920 zur Indonesischen Kommunistischen Partei (PKI) zusammenschlossen. Um diese Zeit wurde übrigens der Name »Indonesien« bei Indonesiern allmählich gebräuchlich.[3] 1928 kam es in Jakarta zum berühmten »Jugendschwur«, als junge Indonesier verschiedener Ethnien

3 Der Ausdruck »Indonesien« taucht zum ersten Mal bei zwei britischen Ethnologen nach der 1850 auf. Populär gemacht wurde er durch den Berliner Professor Adolf Bastian in seinen Buch *Indonesien oder die Inseln des Malayischen Archipels*, Berlin: Ferd. Dümmlers Verlagsbuchhandlung. Die indonesischen Nationalisten entschieden sich für »Indonesia«, um das koloniale *Nederlands Indie* zu vermeiden.

und Religion sich »zu einem Staat, Indonesien, zu einem Vaterland, Indonesien, zu einer gemeinsamen Sprache, der indonesischen« bekannten.

Sowohl die Muhammdiyah als auch die NU entstanden als Teil dieses nationalen Erwachsens Indonesiens. Der Gründer der Muhammadiyah, *kiyai* Haji Ahmad Dahlan (1868–1924), hatte zuvor jahrelang in Mekka und Kairo studiert. In Kairo wurde er stark durch die islamische Erneuerung, wie sie von Muhammad Abduh und Jamal al-Din al-Afgani vorangetrieben wurde, beeinflusst. Diese wollten den Islam erneuern, indem sie einerseits sich westlicher Wissenschaft öffneten, andrerseits auf den wahren Islam zurückgingen, wie sie ihn im Wahhabismus verwirklicht fanden. 1912 gründete Dahlan in Yogyakarta die Muhammdiyah, und zwar bewusst als nicht politische Organisation, die sich der Mission (*dakwa*) widmen sollte. Dazu wurde er auch durch die christliche Mission angeregt. (So war Dahlan mit dem »Vater« der javanischen – katholischen – Kirche, dem Holländer Pater Joseph van Lith SJ, persönlich befreundet.) Die Muhammadiyah engagierte sich im Schulwesen und eröffnete Krankenhäuser. Zugleich wandte sie sich gegen Formen des javanischen Islams, den sie als synkretistisch ansah. Hauptgegenstand ihrer Kritik waren die traditionellen *pesantrens*, also die Koraninternatsschulen, die sich im javanischen Hinterland um fromme islamische Lehrer (*kiyai*) bildeten und wo die Schüler (*santri*) wohnten. Den *kiyai* ging die Kritik der Muhammadiyah so auf die Nerven, dass sie 1926 die *Nahdlatul Ulama* gründeten, die bis heute ihre Basis in den ländlichen *pesantrens* hat.[4] Von Anfang an waren die Beziehungen zwischen beiden Mainstreamorganisationen gespannt, und bis heute sind NU-Anhänger immer noch genervt von einem gewissen Puritanismus der Muhammadiyah, den diese langsam abzubauen versucht.

4 Derzeit sind über 14.000 NU-*pesantrens* beim Religionsministerium registriert.

(Seit einigen Jahren betreibt die Muhammdiyah bewusst eine »Inkulturation«, sie bemüht sich, zu einem positiven Verständnis einheimischer Gebräuche wie zum Beispiel des javanischen Schattenspiels zu kommen.)

Damit war aber auch klar, dass sowohl Muhammadiyah als NU sich immer schon als Teil des nach Identität und Unabhängigkeit strebenden Indonesiens verstanden. Muhammadiyah- und NU-Führer waren daher von Anfang an Teil der nationalen Unabhängigkeitsbewegung – die nicht politische Muhammadiyah vor allem über die unter den Japanern gegründete Masyumi-Partei. Übrigens erklärt sich noch eine andere Tatsache aus dieser Situation: nämlich, dass die christliche Minderheit in »Niederländisch Indien« durch ihre Abkunft von kolonialen Missionaren kaum Schwierigkeiten bekam. Protestantische und katholische Christen partizipierten seit den zwanziger Jahren aktiv an der indonesischen Unabhängigkeitsbewegung, sie nahmen auch am Befreiungskrieg gegen die Holländer teil. Der erste einheimische katholische Bischof, Mgr. Albertus Sugiopranoto SJ, verließ 1947 seine von den Holländern besetzte Bischofsstadt Semarang und schloss sich der von Sukarno geführten Republik in Yogyakarta an (Sukarno erklärte ihn nach seinem Tode 1962 zum Nationalhelden). Der zweite Ministerpräsident Indonesiens, der Sumatraner Amir Sjarifuddin, war selbst Protestant.[5]

Man erkennt also, wie wichtig für Indonesien das Nationalbewusstsein ist. Das Gefühl, Indonesier zu sein, verbindet Menschen verschiedenster Herkunft miteinander, relativiert die Exklusivität des Stammesbewusstseins und entschärft die Sprengkraft religiöser Unterschiede. In Indonesien kann man

5 Amir endete tragisch. Er führte das zweite indonesische Kabinett 1947 bis 1948 in seiner Eigenschaft als Führer der Sozialistischen Partei. 1948 trat er zurück, bekannte sich als Kommunist, wurde bei der Niederschlagung des Madiun-Aufstandes inhaftiert und ohne Umstände erschossen.

sagen, dass, wer ein ausgeprägtes Nationalbewusstsein hat, auch in seiner oder ihrer Stammeskultur verwurzelt ist und über diese die Werte und Haltungen einer universalen Menschlichkeit internalisiert hat. Menschen, bei denen das indonesische Nationalbewusstsein jedoch eine emotionale Leerstelle hinterlässt, sind tendenziell auch gegenüber lokalen kulturellen Werten gleichgültig und folglich gegenüber den allgemein menschlichen. Richard Rorty nennt sie »liberale Metaphysiker«, weil ihnen Solidarität nur etwas bedeutet, wenn es dafür ein Prinzip gibt, und sie sind gefährlich, weil sie bereit sind, im Namen von religiösen oder anderen Prinzipien Unmenschlichkeiten zu begehen.

4 Die abangan-Spaltung

Die Einbettung des indonesischen Islams in die indonesische Nationalbewegung erklärt, weshalb trotz vieler Spannungen indonesische Muslime und eben auch die großen islamischen Organisationen nie Christen und andere Minderheiten aus der Nation ausschließen wollten und warum schon sehr früh zwischen christlichen und islamischen Führern gute persönliche Beziehungen entstanden.

Der einzige letztlich katastrophale Bruch im indonesischen Volk bereitete sich schon im 19. Jahrhundert vor.[6] Im 19. Jahrhundert erreichten die Wellen des arabischen Wahhabismus auch Indonesien. Ende des 18. Jahrhunderts hatten die puritanischen Wahhabi in Arabien versucht, den Islam von allen kulturellen synkretistischen Elementen zu säubern. Sogar das Grab des Propheten in Medina wurde verwüstet, da Totenverehrung und Gräberpflege Götzendienst seien.

6 Ricklefs (2012) erklärt einen beachtlichen Teil der indonesischen Geschichte sowie des Selbstverständnisses des indonesischen Islams, aus diesem Bruch.

Anfang des 19. Jahrhunderts hatten aus Mekka zurückgekehrte Muslime unter den westsumatranischen Minangs die Padri-Bewegung gegründet, die im Namen eines reinen Islams versuchte, alle kulturellen Beimischungen auszumerzen. Im Zuge dessen hatten sie Hunderte von Menschen massakriert. Auf Java führte diese islamische Verhärtung zum Widerstand seitens der javanischen Kultur. Es entstand eine islamkritische Literatur, in der javanische Innerlichkeit gegen äußerliche islamistische Ge- und Verbote stand. So antwortet *Gatholoco* in dem gleichnamigen *suluk* (Lied) den frommen Muslimen, den *santris*, die ihn kritisieren, weil er nicht in Richtung Mekka betet: »Meine Gebetsrichtung geht auf mein Inneres«. Und in dem bis heute populären Lehrgedicht *Wedhatama* aus dem 19. Jahrhundert (das dem mitteljavanischen König KGPAA Mangkunegara IV. zugeschrieben wird), kritisiert der Schreiber die *santris*, dass sie vergessen hätten, dass sie Javaner seien. Es entsteht eine kulturelle Entfremdung zwischen javanischen Islamisten, wozu Muhammdiyah und NU gehören, und den *abangan*.

In den Jahrzehnten der nationalen Bewusstwerdung spielt diese Spaltung keine besondere Rolle. Aber in der im Mai 1945 von den Japanern eingesetzten Kommission zur Vorbereitung der indonesischen Unabhängigkeit besteht die Mehrheit aus »Nationalisten«. Und plötzlich spielt die Spaltung eine Rolle. Zu den Nationalisten gehören außer javanischen *abangan* auch nicht javanische Muslime, die sich einen modernen, für alle Indonesier offenen Staat und nicht einen traditionellen Islamstaat wünschen. Beide bekämpften den *Darul-Islam*-Aufstand und sahen die *Pancasila* als die philosophische Grundlage des indonesischen Staates an. Auch in der javanischen Bevölkerung vertiefte sich die kulturelle Spaltung. Robert Jay, der um 1953 Untersuchungen in Ostjava vorgenommen hatte, berichtet, dass die Bewohner des *abangan*-Dorfes, in dem er wohnte, lieber einen halbstündigen Umweg machten, um in die Distrikthauptstadt Pare zu gehen, als den direkten Weg durch ein *santri*-Dorf zu nehmen.[7] Der Gegensatz verschärft sich durch die Kampagnen der politischen Parteien in Vorbereitung auf die Wahlen 1955, in denen die islamischen Parteien für einen Islamstaat eintraten und Gegner des Islamstaates als *kafir* (»Heiden«) beschimpften. Er verschärft sich noch mehr dadurch, dass die Kommunistische Partei sich der *abangan* annahm und voll gegen den Islam Stellung bezog. Wie schon erwähnt, hatten in den wenigen Tagen nach der Ausrufung einer Volksrepublik in Madiun 1948 die Kommunisten einige Tausend politische Gegner, vor allem *santris*, ermordet.

Nachdem Sukarno 1959 das Parlament aufgelöst und mit Unterstützung der Kommunisten, Nationalisten und des Militärs die »Gelenkte Demokratie« ausgerufen hatte, polarisierte sich die indonesische Gesellschaft in zwei Lager, die sich unversöhnlich gegenüberstanden. Jedes war überzeugt, dass das andere nur darauf wartete, es zu vernichten. Auf der einen Seite standen die Anhänger der NASAKOM-Ideologie Sukarnos – also Kommunisten und linker Flügel der Nationalisten sowie die Sukarnoisten im Militär, vor allem in der Luftwaffe –, die die Einheit von Nationalismus, Religion und Kommunismus ausrief. Auf der anderen Seite standen die expliziten Anhänger der Religionen, vor allem Muslime und Christen, sowie rechte Nationalisten und das Militär, vor allem die Armee. Sie sahen NASAKOM als einen Trick Sukarnos an, um die Kommunisten in die Regierung zu bringen. Der Staatsstreich vom 1. Oktober 1965 war der Funke, der diese sich seit mehreren Jahren aufschaukelnden Spannungen hochgehen ließ und zur Vernichtung des NASAKOM-Lagers führte. Die fürchterlichen Morde an Kommunisten und die

7 Jay, Robert R. 1963, *Religion and Politics in Rural Central Java*, New Haven: Yale University, S. 78 f.; bei Besuchen in Dörfern bei Yogyakarta in den 60er-Jahren konnten die Menschen genau angeben, wer »*santri*« war und wer »Nationalist«.

darauffolgende Exkommunizierung der nicht Ermordeten werden daher nur oberflächlich verstanden, sieht man sie einfach als Griff der Armee nach der Macht. Damals entlud sich das Gefühl »wir oder sie« – und aus diesem Grunde ist es bis heute schwer, Menschen das Ausmaß der Verbrechen klar zu machen, die damals an tatsächlichen und vermeintlichen Kommunisten begangen wurden.

Wie Ricklefs ausführlich darstellte,[8] führte die Vernichtung des NASAKOM-Lagers zu einer dramatischen Schwächung der javanischen *abangan*. Viele traditionelle javanische Kulturgüter waren ja besonders von der PKI gepflegt worden, auch als Gegengewicht zum Islam. Die fielen jetzt unter den Verdacht, von der kommunistischen Ideologie verseucht zu sein. Auch die javanisch-religiösen Innerlichkeitsgruppen (*kebatinan*) fielen unter Generalverdacht und mussten auf Druck islamischer Gruppen in den Untergrund gehen. Suharto selbst war ein echter *abangan*, aber um die Menschen gegen die kommunistische Ideologie zu immunisieren, förderte seine Regierung das religiöse Leben. Nominelle Muslime sollten zu »richtigen Muslimen« werden. Während Suharto den politischen Islam kurz hielt, förderte er zugleich private islamische Frömmigkeit. In den siebziger Jahren wurden Tausende von Moscheen gebaut. Die *abangan* begannen nun, ihre täglichen fünf Gebetszeiten einzuhalten und am Freitag zum Mittagsgebet in die Moschee zu gehen. Die *abangan* und die *priyai*, die städtische javanische Oberschicht, die mehr alte Hindurituale als die islamischen Gebetsforderungen pflegte, wurde nun »santrinisiert«.

8 Ricklefs (2012).

5 Versöhnung des Mainstream-Islams

Mit der Ausschaltung der Kommunisten als den kompromisslosesten politischen *abangan* und der positiven *Santrinisierung* der *abangan* durch Suharto war Indonesien auf den Weg einer zunehmenden Islamisierung gesetzt worden, der bis heute nicht verlassen wurde. Immer mehr Frauen begannen, islamische Kopftücher zu tragen. Das Verbot für Schülerinnen, auf Staatsschulen ein Kopftuch zu tragen – sie mussten in Schuluniform erscheinen – wurde um 1990 gekippt (und 2015 werden sogar Polizistinnen ein Kopftuch tragen dürfen). Der Islamschwenk Suhartos ab dem Ende der achtziger Jahre und vor allem die Förderung der islamischen Intellektuellenorganisation ICMI ermöglichte es Muslimen, Ressentiments gegen Christen lauter vorzutragen. Viele Christen begannen damals, sich ernsthaft Sorge über ihre Zukunft in Indonesien zu machen.

Heute, Jahrzehnte später, stellt sich diese Entwicklung differenzierter dar. Das potenzielle Misstrauen gegenüber dem Islam in den ersten zwanzig Jahren unter Sukarno und dann weitere zwanzig Jahre unter Suharto wäre auf die Dauer für Indonesien gefährlich geworden. Die blutigen Kommunistenmassaker haben das überdeutlich gezeigt. Die Spannung »Nationalisten – Islam« hätte aber auf die Dauer zu einer ähnlichen Katastrophe führen können, wie sie jetzt Ägypten erlebte. Aufgrund der »Santrinisierung« und der Billigung des Islams durch den späten Suharto wurde die Dichotomie »Nationalisten« (von denen die meisten Muslime waren) versus »Islam« (von denen die meisten ebenso indonesische Nationalisten waren), die so eigentlich auch nie wirklich existierte, endgültig begraben. Nachdem Suharto 1985 die Muslime (und natürlich auch die Nichtmuslime) gezwungen hatte, die *Pancasila* als Grundprinzip ihrer Organisationen anzuerkennen, glaubte er, dass der politische Islam nicht mehr versuchen würde, die *Pancasila*-Verfassung durch eine islamistischen zu ersetzen. Sein Islamschwenk versöhnte dann einen bedeutenden Teil des politischen Islam mit dem indonesischen *Pancasila*-Staat.

Die Unterstützung, die Suharto als erster Präsidenten, der ein Herz für den Islam zeigte, genoss, wurde im März 1998 deutlich, als der ICMI die Ernennung Bacharuddin Jusuf Habibies zum Vizepräsidenten unterstützte. Viele führende Muslime waren nun unsicher, wie sie sich zu den wachsenden Studentenprotesten gegen Suharto verhalten sollten. Im Endeffekt gelang es Suharto nicht, den Islam zu einem stabilisierenden Pfeiler seines alternden Systems zu machen. Das lag auch unter anderem an solchen Figuren wie Amien Rais, dem Führer der Muhammdiyah, der in der ICMI kaltgestellt worden war, weil er als zu radikal galt, und Anfang Mai 1998 den demonstrierenden Studenten seine Unterstützung gewährte. Am 20. Mai waren es die von Suharto selbst zusammengerufenen Muslimführer, die ihm mitteilten, dass es für ihn an der Zeit sei zurückzutreten. Und wie es schon die Masyumi-Partei in den fünfziger Jahren vollbracht hatte, so wurde die Demokratisierung Indonesiens auch jetzt wieder, nach dem Sturze Suhartos, gerade durch ICMI-Politiker wie Rais vorangetrieben und konstitutionell verankert. Man darf darüber spekulieren, dass das Militär seiner Entmachtung nach dem Sturze Suhartos vielleicht auch deshalb keinen systematischen Widerstand mehr entgegensetzte, weil an ihr sowohl Demokraten als der politische Islam Indonesiens beteiligt war.

In dieser Entwicklung spielten islamische Intellektuelle eine bestimmende Rolle. Nach der Unabhängigkeit 1945 gab es in der Masyumi-Partei akademisch gebildete Intellektuelle. Dadurch, dass die Masyumi aber immer stärker auf Oppositionskurs zu Sukarno ginge und 1960 verboten wurde, verschwanden diese Intellektuellen wieder von der politischen Bildfläche, denn die traditionelle NU konnte mit solchem Personal nicht aufwarten. Die intellektuelle Bühne Indonesiens war damals von Säkularisten und Christen bestimmt. Das änderte sich aber in den siebziger Jahren, als mehrere exzellente Religionsminister im Kabinett Suharto systematisch Hunderte von Stipendien für ein Islamstudium vergaben, das nicht an der Al-Azhar in Kairo oder in Mekka absolviert werden sollte, sondern im belgischen Leiden, in Chicago und an der MacGill Universität in Montreal. Ab den achtziger Jahren gab es in Indonesien eine ständig wachsende Zahl von islamischen Intellektuellen, die über NGOs und die Medien Einfluss auf den politisch-ideologischen Diskurs des Landes ausübten. Sie waren im Prinzip demokratisch eingestellt, standen Suharto kritisch gegenüber und hatten bald dauerhafte Kontakte mit katholischen und protestantischen Intellektuellen. Obwohl viele ICMI-Führer kaum von ihren Diskursen gestreift wurden, so ist es doch diesen Intellektuellen zu verdanken, dass der indonesische Islam sich mit dem *Pancasila*-Staat versöhnte. Eine Folge der Stipendienpolitik des Religionsministeriums war auch, dass die ihm unterstellten islamischen Universitäten (IAIN, UIN) einen offenen Islam lehrten und lehren, zum Beispiel mit Vorlesungen in vergleichender Religionswissenschaft und manchmal christlichen Professoren aus dem Ausland, ganz im Unterschied zu den großen säkularen Staatsuniversitäten, die inzwischen zu Brutstätten des islamischen Fundamentalismus geworden sind.

Hier seien die zwei bedeutendsten islamischen Intellektuellen Indonesiens kurz vorgestellt. Der Erste ist Nurcholish Madjid und war in den sechziger Jahren Chef des einflussreichen islamischen Studentenverbandes HMI. Nurcholish erregte 1970 durch seinen Spruch *»Islam yes, Islamic parties no«* großes Aufsehen, außerdem behauptete er, dass der Islam die Säkularisierung unterstütze. Der Islam kenne nur ein Sakrales, nämlich Gott, und daher seien alle irdischen Wirklichkeiten weltlich und müssten weltlich angegangen werden. Nurcholish baute enge Beziehungen zu christlichen Intellektuellen auf. In den achtziger Jahren gründete er die

Volkshochschule Paramadina, die nur zehn Jahre später zur Paramadina-Universität ausgebaut wurde, wo bis heute ein offener, dialogischer Islam gelehrt wird. 1992 löste Nurcholish eine scharfe Kontroverse durch seine These aus, dass »Islam« zunächst nicht der Name einer bestimmten Religion gewesen sei, sondern »Übergabe« bedeute, und dass daher jeder, der sich mit reinem Herzen dem Absoluten übergebe – ausdrücklich erwähnte er die Buddhisten, also Nichtmonotheisten – zum »Islam« gehöre und in den Himmel kommen könne.

Die zweite Übergestalt war Abdurrachman Wahid. Als Enkel des NU-Gründers war er von höchstem islamischen Adel. Muslime aus Ostjava küssten ihm schon die Hand, als er noch jung war. Er hatte in Bagdad und Kairo studiert (wo er nach der Aussage von Freunden die meiste Zeit im Kino zubrachte) und begann in Indonesien in den siebziger Jahren als Journalist zu arbeiten. Schon bald machte er sich durch seine Offenheit für alle Minderheiten und religiösen Pluralismus einen Namen. Gus Dur, wie er genannt wurde, macht über alles Witze und führte einen entspannten, sympathischen Islam vor. 1984 wurde er, noch jung, zum Chef der NU gewählt und behielt das Amt 15 Jahre lang, obwohl Suharto, der ihn als den einzigen ernst zu nehmenden Gegner ansah, das zu vereiteln versuchte. Gegen die ICMI gründete Gus Dur 1992 ein Demokratieforum (*Forum Demokrasi*), das Demokratie und die Sicherung der Menschenrechte zu seinem Programm machte. Dem Forum gehörten Intellektuelle aller Religionen an. 1999 wurde Gus Dur der vierte Präsident Indonesiens. Ihm gelangen vor allem zwei Dinge: Er brachte in der NU eine junge Generation nach oben, die demokratisch und pluralistisch eingestellt war und nach dem Urteil vieler bis heute die Speerspitze der indonesischen Intellektuellen bildet. Und er brachte die NU mit Christen ins Gespräch, was bis heute andauert. Nurcholish starb 2005, Gus Dur 2009. Für mich gehören die beiden zu den wichtigsten

Menschen, mit denen ich in persönlicher Freundschaft verbunden sein durfte.

Die Versöhnung des Mainstream-Islams mit dem *Pancasila*-Staat ist von allergrößter Bedeutung für Indonesiens Zukunft und hatte sich bereits in der Vergangenheit ausgezahlt. Als mit Präsident Habibie ICMI-Leute in die Regierung aufstiegen und beliebig viele islamische Parteien gegründet werden konnten, war im Mainstream-Islam die Phase des Ressentiments gegen die Christen im Wesentlichen Vergangenheit. Es gab keine im eigentlichen Sinne islamistische Politik mehr. Und das, obwohl noch 1999–2002 in Ostindonesien zwei Bürgerkriege zwischen Christen und Muslimen wüteten. Sie konnten weder die gemäßigte politische Linie noch die Zusammenarbeit der politischen Muslime mit den Christen beeinträchtigen. Und nach dem anfänglichen Schock, dass in den Wahlen 1999 die islamischen Parteien nur 37 Prozent der Stimmen erlangt hatten, wählte eine Mehrheit der verfassunggebenden Versammlung – die aus den islamischen Parteien plus der Golkar-Partei gebildet wurde – den pluralistischen Abdurrachman Wahid zum Präsidenten. Nach dessen Absetzung 2002 bestimmte sie ohne Probleme Megawati Sukarnoputri zur Nachfolgerin, die noch 1999 als Frau und wegen ihres wenig islamischen Hintergrundes als Präsidentin scharf abgelehnt worden war. In Indonesien droht keine Entwicklung wie in Ägypten, wo sich die Nation unter Verdampfung der demokratischen Ideale, die noch die Anti-Mubarak-Revolutionäre einten, in Islamisten einerseits sowie Nationalisten und Kopten unter militärischem Schutz andrerseits spaltete. Das Militär hat daher bis heute in Indonesien keinen Hebel, um wieder in die Politik einzugreifen. Die zahlreichen sozialen und religiösen Konflikte sind begrenzt, weil der große Block aus Mainstream-Islam, Nationalisten und Nichtmuslimen im Grundkonsens von 1945 geeint ist.

Wie steht es nun um die »Santrinisierung« der Abangan? Ricklefs Analyse, dass die Abangan von der Bildfläche verschwinden, könnte übertrieben pessimistisch sein. Auch wenn frühere Abangan jetzt fünfmal am Tag beten und die Fastenzeit einhalten, wählen deren Kinder immer noch keine islamischen Parteien und lehnen die Scharia ab. Javaner betonen immer noch, dass man in religiösen Dingen nicht äußeren Gebetspflichten, sondern dem inneren Fühlen (*rasa*) folgen müsse. Zu den Präsidentschaftswahlen 2014 schaffte es kein Santri, Kandidat zu werden. Nicht selten sieht man kecke junge Mädchen in Jakarta zusammen auf einem Motorrad sitzen – die eine mit dem islamischen Kopftuch, die andere ohne (und beide ohne Sturzhelm). Bei einer abendlichen Bahnfahrt aus Jakarta passierte der Zug eine Trasse, wo sich nach Feierabend, die Menschen in einer streng islamischen Gegend erholten: Kinder auf Fahrrädern, Jugendliche, Männer und Frauen allen Alters. Keine einzige der Frauen hatte ein Tuch auf dem Kopf. Zur Arbeit am nächsten Morgen gehen sie dann natürlich wieder »mit«.

6 Ein Kampf um die islamische Seele?

Im Gegensatz zu meiner optimistischen Einschätzung fanden viele Christen die Zeit nach dem Sturze Suhartos erschreckend. Kaum hatte die Regierung Habibie die Behinderungen der Meinungsfreiheit abgeschafft, füllten sich die Buchläden mit radikalen islamischen Schriften, viele voller Hass auf Christen. Dann brachen Anfang 1999 die beiden Bürgerkriege in den Molukken und in Mittelsulawesi aus. Und es begann ein islamistischer Terror, dessen trauriger erster Höhepunkt die Bombenattacken auf Kirchen an Weihnachten 2000 waren. Muslimische Führer und Politiker spielten die Bedeutung dieser Ereignisse herunter.

Vielleicht war eine Ursache dieser lässigen Haltung das Bewusstsein vieler Muslime, der indonesische Islam sei doch tolerant und akzeptiere die anderen Religionen. Warum sollten die Christen also Angst haben? Wie ich schon darstellte, durchbrachen erst die Bali-Attentate im Oktober 2002 diese selbstgefällige Einstellung des Mainstream-Islams. Auf einmal wurde klar, dass es in der indonesischen Zivilgesellschaft auch islamistische Extremisten gab – radikale, fundamentalistische, gewaltbereite, terroristische Zellen.

Inzwischen sieht sich der Mainstream-Islam selbst durch die Extremisten bedroht. Die Muhammadiyah hat zum Beispiel eine Fatwa (ein Religionsdekret) herausgegeben, dass eine Mitgliedschaft in der PKS-Partei (eine der Hauptstützen der Regierungskoalition des vormaligen Präsidenten Bambang Susilo Yudhoyono), die der Ideologie der ägyptischen Muslimbruderschaft nahesteht, mit der Zugehörigkeit zur Muhammadiyah unvereinbar sei. Die Fundamentalisten und Extremisten üben gerade auf islamische Studenten eine gewisse Anziehungskraft aus. Besonders die Muhammdiyah ist gefährdet. Ihr Islam war von Anfang an leicht wahhabitisch eingefärbt, und die Extremisten wollen die Muhammdiyah-Jugendlichen und Studenten davon überzeugen, dass sie, die Extremisten, das verwirklichen, was die Muhammadiyah selbst nur mit wohlfeilen Worten vertritt. Auch die Idee eines islamischen Kalifats, wie sie von Hizbuth Tahrir vertreten wird, ist für junge Muslime attraktiv. Auch die Position der NU, die einen kulturellen Islam vertritt, der in Übereinstimmung mit der jeweiligen lokalen Kultur steht, ist für Puritaner und Fundamentalisten eine Herausforderung. Je intensiver die NU also für ihren Islam eintritt, desto inkonsequenter kann ihr kultureller Islam jungen Idealisten erscheinen.

In Indonesien ist ein veritabler Kampf um die Seele des Islam entbrannt.[9] Vertreter des Mainstream-Islam, der NU und der Muhammdiyah, aber auch demokratisch eingestellte Intellektuelle erklären, dass die pluralen Formen des indonesischen Islam, von den ehemaligen *Abangan* über die

9 Diesen Ausdruck übernehme ich von Syaffii Anwar.

»katholische« NU und die »protestantische« Muhammadiyah, genau das seien, was der Islam fordere. Als universale Religion füge sich der Islam in die jeweilige Kultur ein, wobei Muslime ihren Glauben (*aqidah*) und ihre Gebetsformen (*ibadah*) jedoch rein bewahren wollen. Für sie spiegelt der vielfältige indonesische Islam das Wesen des Islam wieder. Die Extremisten und Fundamentalisten dagegen sagen, dass der Prozess der Islamisierung Indonesiens schon Hunderte von Jahren andauere und jetzt von ihnen zu einem guten Ende geführt werde – zu einem reinen, nicht mehr kompromittierten Islam (*Islam kaffah*), zu einem Islam, wie er in Saudi-Arabien zu finden ist. Wer wird den Kampf gewinnen?

Siebtes Kapitel

Zukunftsaussichten

Wie wird nun Indonesiens Zukunft aussehen? Viel hängt davon ab, was der neue Präsident Joko Widodo machen wird. Hat er die nötige Führungskompetenz? Wird er, anders als sein Vorgänger Susilo Bambang Yudhoyono in seiner ersten Amtsperiode, mit seinem energischen und routinierten Vize Jusuf Kalla gut zusammenarbeiten? Sicher dürfte sein, dass Jokowi vereinend und nicht spaltend wirken wird. Außer ideologischen Fanatikern sollte kaum jemand einen Grund haben, diese Regierung abzulehnen, und das gilt auch für diejenigen, die bei der Wahl für Jokowis Gegner Prabowo Subiyanto gestimmt haben. Die politischen, gesellschaftlichen, wirtschaftlichen und administrativen Probleme, die er von der Regierung Susilo Bambang Yudhoyono übernimmt, sind nicht unlösbar. Das Land steht nicht vor einer Katastrophe. Im schlimmsten Fall wird sich Jokowi ebenso durch die Probleme wursteln, wie es seine Vorgänger getan haben.

Jokowis Wahlsieg im Juli 2014 ist eine Bestätigung dafür, dass sich die demokratische Reform, die im Mai 1998 unter Präsident Habibie in die Wege geleitet wurde, stabilisiert und bewährt hat. Die Menschen haben gelernt, mit ihrer Demokratie umzugehen. Das deutlichste Zeichen dafür war das Fehlen jeder Art gewalttätiger Reaktionen auf Jokowis knappen Wahlsieg. Und das nach einem extrem spaltenden Wahlkampf, der von der Seite des Verlierers Prabowo Subiyanto mit nicht zu unterbietender Schmutzigkeit geführt wurde. Umfragen haben ergeben, dass auch viele derjenigen, die Prabowo wählten, nichts gegen einen Präsidenten Jokowi haben. Auch ein scharfer, giftiger Wahlkampf hat also keine tief greifenden Spaltungen in der Bevölkerung zur Folge gehabt. Wie schon 1955 und dann wieder in den freien Parlaments- und Präsidentenwahlen 1999, 2004 und 2009 haben die Indonesier offenbar kein Problem damit, Wahlergebnisse zu akzeptieren. Das ist eine Folge des nationalen Grundkonsenses, der Indonesiens Einheit durch alle Schwierigkeiten der letzten 69 Jahre trug. Dass das Land jetzt einen demokratisch gewählten Präsidenten hat, wurde mit einem landesweiten Aufatmen zur Kenntnis genommen. Offenbar besteht ein Bedürfnis nach politischer Beruhigung und einer normalen, positiven Entwicklung. Falls er sich seinem Amt gewachsen zeigt, dürfte die Frage, ob eine Demokratie, die auf der Anerkennung der Menschenrechte fußt, das Richtige für Indonesien ist, endgültig hinter uns liegen.

Die politischen, wirtschaftlichen und gesellschaftlichen Herausforderungen, vor denen die Regierung Jokowi/Kalla steht, sind allerdings beachtlich. Als Erstes müssen staatliche Subventionen für Strom und Benzin abgebaut werden, die den Staat Ende 2014 über 23 Milliarden Euro kosteten – gut 16 Milliarden davon allein für billiges Benzin. Das sind zusammen, wie schon gesagt, fast 19 Prozent aller zur Verfügung stehenden Haushaltsmittel, mehr als die Ausgaben für Erziehung und Infrastruktur zusammengenommen. Das von über 6 Prozent auf 5,4 Prozent zurückgegangene Wirtschaftswachstum hat sich in den letzten Jahren vor allem über den Export von Rohstoffen sowie eine starke Binnenkonjunktur finanziert, aber nicht durch eine Steigerung der industriellen Produktivität. Ein Wachstum von 6,5 Prozent im Jahr ist aber notwendig, um neu auf den Arbeitsmarkt drängende Jugendliche aufzufangen. Die Infrastruktur ist in den letzten Jahren vernachlässigt worden. Die Regierung Jokowi muss sie erneuern und erweitern und neue Häfen, Straßen, Eisenbahnen, Flughäfen, aber auch Kraftwerke bauen, für die sich die reichlich vorhandene Erdwärme anbietet. Die Bewässerungsanlagen für Reisfelder sind in vielen Gegenden marode, sie müssen ebenfalls erneuert werden, auch um die Versorgung der 250 Millionen Indonesier mit Nahrungsmitteln sicherzustellen. Zu diesem Zweck sollte Jokowi, so sagen Fachleute, eine Million Hektar neuer Reisfelder angelegen lassen. Eines der hochgesteckten Ziele der Regierung ist es ferner, Indonesien zu einem maritimen Land zu machen, was große Investitionen in die Fischerei, in die lokale fischverarbeitende Industrie und in neue Hafenanlagen bedeutet, vor allem in Ostindonesien. Jokowi wird überhaupt das wirtschaftlich zurückgebliebene östliche Indonesien besonders fördern müssen. Gelingt es ihm, die beiden östlichsten Provinzen, Papua und Westpapua, zu befrieden? Wird er die Papua-Ureinwohner mit den anderen Indonesiern einer echten Integration zuführen können? Vielfach mit Erleichterung wurde die Absage an einen Brückenbau zwischen Java und Sumatra aufgenommen, ein Megaprojekt, das die Regierung Yudhoyono seinerzeit forcierte.

Für die innere Stabilität Indonesiens wird entscheidend sein, dass die Wirtschaftsentwicklung zum Abbau der immer noch hohen absoluten Armut führt (sie betrifft 11 Prozent der Bevölkerung, also etwa 28 Millionen Menschen). Nicht zu vergessen sind die weiteren 100 Millionen Menschen, die am Rande der Armut leben. Auch ihnen sollte der Aufstieg in eine gesicherte Existenz ermöglicht werden. Seit Jahren wird über eine Reform des Erziehungswesens diskutiert, die dringend erforderlich ist, damit Indonesien einen Bildungsstand erreicht, der mit anderen Ländern Südostasiens wie Vietnam oder Malaysia konkurrieren kann.

Ein anderer drängender Punkt ist die Frage, wie man es erreicht, dass die Menschen in einem akzeptablen Ausmaß ihren steuerlichen Abgabepflichten nachkommen. Da liegt Indonesien im Vergleich zu einigen Nachbarn noch weit zurück. Und schließlich erwartet die Bevölkerung, dass Jokowi effektive Maßnahmen gegen das Hauptproblem Indonesiens ergreift: das Krebsgeschwür der Korruption, vor allem in der politischen Klasse.

Ob es Jokowis gelingt, diese Probleme in den Griff zu bekommen, wird sich erst 2015 deutlicher zeigen. Dann wird man sehen, ob die Opposition, die derzeit die parlamentarische Mehrheit innehat, weiterhin zur Obstruktion der Regierungsarbeit neigt. Wie auch immer – Jokowi muss mit einer Situation fertigwerden, die durch die indonesische Verfassung und die Parteienlandschaft gegeben ist und seinen Vorgänger Susilo Bambang Yudhoyono überfordert hat. Indonesien besitzt ein präsidentielles Regierungssystem. Anders als etwa in der Bundesrepublik Deutschland ist der Präsident zugleich Regierungschef und wird vom Volk gewählt. Das gibt ihm eine starke Stellung. Da er aber für den Haushalt und für alle Gesetze die Zustimmung des Parlamentes benötigt, ist er trotzdem vom Parlament abhängig. Allerdings gibt es in einem präsidentiellen System keine *formelle* Regierungskoalition. Der Präsident hat nur insofern eine parlamentarische Mehrheit, als er während der Regierungsbildung mit einigen Parteien ein politisches Bündnis eingeht. In einem Zweiparteiensystem ist das nicht so schwer. Anders in Indonesien. Hier haben in den Wahlen im April 2014 ganze zehn Parteien die 2,5-Prozent-Hürde geschafft. Und jene fünf Parteien, die Jokowi unterstützen, verfügen nur über 44 Prozent der Sitze. Sie sind also in der Minderheit. Würde es Jokowi gelingen, eine oder zwei Oppositionsparteien in seine Regierungskoalition zu holen, besäße er eine solide Mehrheit, mit der sich regieren lässt. Seine exekutiven Vollmachten und die enorme Unterstützung, die er in der Bevölkerung genießt, sollten es ihm möglich machen, auch unpopuläre Maßnahmen wie die Abschaffung der Subventionen für Benzin und Strom durchzusetzen.

Wenn umgekehrt die Regierung Jokowi durch die Opposition handlungsunfähig gemacht würde, wäre eine Machtübernahme durch das Militär wie in Thailand nicht auszuschließen. Das hieße für Indonesien: zurück auf null.

Diese Möglichkeit ist nicht einfach aus der Luft gegriffen. Zwar hat Indonesien keine Tradition des Militärcoups wie zum Beispiel Pakistan. Aber das indonesische Militär sieht sich als Wächter der Verfassung. Immer wieder werden Stimmen laut, die demokratische Erneuerung nach dem Sturze Suhartos sei über ihr Ziel hinausgeschossen und »liberalistisch verseucht«. Indonesiens Demokratie sei auch nicht die westliche nach dem Modell »eine Person eine Stimme«, sondern eine Demokratie der gemeinsamen Beratung. Prabowo war es, der unter anderen vorgeschlagen hatte, den Präsidenten wie in der ursprünglichen Verfassung wieder vom Ratgebenden Volkskongress und nicht mehr vom Volk wählen zu lassen. Wobei der Ratgebende Volkskongress dann nicht nur aus gewählten Volksvertretern, sondern auch aus ernannten Vertretern der »Stände« (was immer das bedeuten würde) bestehen sollte. In den letzten Jahren war wiederholt von ehemaligen Militärs zu hören, dass die amtierenden Regierungen nicht mehr verfassungskonform seien und ein eventueller Umsturz daher kein Umsturz wäre. Sollte der Eindruck entstehen – wie er schon einmal in den fünfziger Jahren bestand – dass die Demokratie abgewirtschaftet hat, könnte das für Militärs wieder ein Anlass sein einzugreifen.

Die größere Gefahr für die indonesische Demokratie kommt nicht von islamistischen Radikalen, sondern von der Schwäche der politischen Klasse, insbesondere der politischen Parteien. Von den 2014 ins Parlament gewählten zehn Parteien sind vier islamisch orientiert, sechs gelten als nationalistisch. Aber keine von ihnen hat ein scharfes ideologisches Profil, keine von ihnen vertritt bestimmte gesellschaftliche Klassen. Die islamischen Parteien unterstützen allgemein alles, was islamisch klingt, die anderen Parteien sind auf ihre Führungspersönlichkeiten zugeschnitten. Alle sind durch schwere Korruptionsfälle belastet. Die Parteien genießen in der Bevölkerung nur eine geringe Achtung. Ihre Politik wird »transaktional« genannt, womit gemeint ist, dass sie nur dann einen Finger rühren, wenn sie dafür bezahlt werden. Das ging oft so weit, dass das Parlament eine Regierungsvorlage nur dann behandelte, wenn die Regierung die entsprechende

Parlamentskommission zusätzlich bezahlte. Wenn der Bevölkerung einmal die Geduld mit ihren Parlamentsvertretern ausgehen sollte und parlamentarische Blockaden die Regierungsfähigkeit des Landes ernsthaft stören würden, wäre auch das eine Situation, die ein militärisches Eingreifen begünstigte.

Allerdings ist zu bezweifeln, dass das Militär in der Lage wäre, Indonesien auf Dauer zu stabilisieren. Die Situation heute ist nicht mehr so wie noch 1966, als General Suharto die Macht übernahm. Suharto fand im Volk weitgehende Unterstützung, sieht man einmal von den zahlreichen Opfern seines Regimes ab. Jetzt stünde das Militär einer demokratischen Mehrheit gegenüber, die sich sehr bald zu Wort melden würde. Außer einer Rückkehr zur Demokratie, vielleicht nach einer Bereinigung der Parteienlandschaft, stünde dem Militär nur ein Weg zur Stabilisierung des Landes offen: nämlich die islamische Karte zu spielen, ähnlich wie es vor 30 Jahren Zia ul-Haq in Pakistan tat. Die Folgen für Pakistan waren verheerend. Mit anderen Worten, eine Militärherrschaft ließe sich im Indonesien des 21. Jahrhunderts nur noch mit islamistischer Unterstützung realisieren. Das wäre dann allerdings das Ende von Indonesien, wie wir es kennen.

Wahrscheinlich ist eine solche Entwicklung nicht. Die Stärke Indonesiens liegt in seiner Zivilgesellschaft. Anders als in Ägypten, wo das Land in Islamisten und Antiislamisten gespalten ist, sind rund 90 Prozent der Indonesier sozusagen aus vollem Herzen Indonesier. Sie haben die *Pancasila* akzeptiert und können gut damit leben, dass es in Indonesien mehrere Religionen gibt (was, wie schon gesagt, nicht unbedingt für »Sekten« und freie Glaubensrichtungen gilt). Als im August 2014 der neu ernannte (islamische) Religionsminister die kleine Bahai-Gemeinde zur siebten anerkannten Religion erklärte, regte sich keinerlei Widerstand. Wenn sich das jetzige demokratische Indonesien politisch und wirtschaftlich positiv entwickelt, vor allem wenn einfache Indonesier im heutigen Indonesien eine Zukunft für ihre Kinder sehen, dürften die 10 Prozent islamistischer Radikaler (von sehr unterschiedlicher Prägung) keine Chance haben.

Dem widerspricht nicht, dass die indonesische Gesellschaft vermutlich islamischer werden wird; dass mehr Bestimmungen aus der Scharia lokal in Kraft treten werden; dass es für Christen schwieriger werden wird, Kirchen zu bauen. Aber Kirchen werden trotzdem weiter gebaut, und die bestehenden werden weiter benutzt werden, und es wird weiter möglich sein, in Indonesien die Religion zu wechseln, auch für Muslime. Der prinzipielle Pluralismus in Indonesien ist derzeit nicht in Gefahr. Dazu kommt, dass sich NU und Muhammadiyah sehr scharf von jenen Extremisten abgrenzen, die sie als Bedrohung ihres Islams ansehen. Der seit 2014 durch die internationalen Medien wabernde IS wurde sowohl von NU und Muhammadiyah als auch von extremeren islamischen Organisationen in Indonesien, darunter die *Majlis Mujahiddin Indonesia* (»Rat indonesischer Gotteskämpfer«), verurteilt – ausgenommen der wegen Unterstützung von Terroristen verurteilte Abu Bakar Ba'asyir.

Damit steht Indonesien vor einer neuen Phase der politischen und nationalen Entwicklung. Trotz islamistischer Ideologien am extremistischen Rande dürfen wir hoffen, dass sich die indonesische Demokratie weiter konsolidiert. Die zunehmende Islamisierung sollte, so darf man aufgrund der Erfahrungen seit der indonesischen Unabhängigkeit 1945 hoffen, nicht die demokratische Substanz untergraben. Man darf außerdem hoffen, dass sich das Bewusstsein der Unantastbarkeit von Menschenrechten und Religionsfreiheit weiter ausbreiten wird. Die Probleme, die die neue Regierung in den Griff bekommen muss, sind beachtlich. Aber Indonesiens Weg zu einer normalen, zivilisierten und effizienten Demokratie steht für mich auch weiterhin außer Frage.

Anhang

Zitierte Literatur

Anderson, Ben R. O. G. 1972, »The Idea of Power in Javanese Culture«, in: Claire Holt (Hg.), *Culture and Politics in Indonesia*, Ithaca, N. Y.: Cornell University 1972, S. 1-69.

Anderson, Benedict R./Ruth T. McVey 1971. *A Preliminary Analysis of the October 1, 1965, Coup in Indonesia*. Interim Reports Series. Ithaca, NY: Cornell Modern Indonesia Project.

Bastian, Adolf 1884, *Indonesien oder die Inseln des Malayischen Archipels*, Berlin: Ferd. Dümmlers Verlagsbuchhandlung.

Geertz, Clifford 1960, *The Religion of Java*, New York: The Free Press of Glencoe.

Geertz, Hildred 1961, *The Javanese Family. A Study of Kinship and Socialization*, New York: The Free Press of Glencoe.

Jay, Robert R. 1963, *Religion and Politics in Rural Central Java*, New Haven: Yale University, S. 78 f.

Magnis-Suseno, Franz 1981, *Javanische Weisheit und Ethik. Studien zu einer östlichen Moral*, München/Wien: Oldenbourg.

Magnis-Suseno, Franz 1989, *Neue Schwingen für Garuda. Indonesien zwischen Tradition und Moderne*, München: Peter Kindt.

Ricklefs, M. C. 2012, *Islamisation and Its Opponents in Java. A Political, Social, Cultural and Religious History, c. 1930 to the Present*, Singapore, NUS Press.

Roosa, John 2006, *Pretext for Mass Murder. The September 30th Movement and Suharto‹s Coup d'Etat in Indonesia*, The University of Wisconsin Press.

S. Yunanto, S. et. al. 2003, *Gerakan Militan Islam Di Indonesia dan Di Asia Tenggara*, Jakarta: Friedrich-Ebert-Stiftung/The Ridep Institute.

Soeharto 1989, *Pikiran, Ucapan, dan Tindakan Saya*, Jakarta: Citra Kharisma Bunda.

Wahid, KH. Abdurrachman (Hg.) 2011, *The Illusion of an Islamic State. How an Alliance of Moderates Launched a Successful Jihad Against Radicalization and Terrorism in the World's Largest Muslim-Majority Country*, Jakarta: LibForAll Foundation.

Verzeichnis indonesischer Namen und Begriffe

Abangan, Ausdruck für nominell muslimische Javaner, die mehr aus altjavanischen und hinduistischen religiösen Vorstellungen als aus dem Islam leben.

Aceh (ausgesprochen Atschech), nordwestlichste Provinz Indonesiens auf Sumatra, die einzige Provinz, in der die islamische Scharia-Gesetzgebung eingeführt ist.

Achmadiyah, islamische Sekte aus Pakistan, die einen endzeitlichen Propheten verehrt und daher von orthodoxen Muslimen als häretisch bekämpft wird.

Adat, Gewohnheitsrecht, bei vielen Ethnien noch sehr wichtig.

Aliansi Antikomunis, eine 2001 von Golkar-Leuten und einigen islamischen extremistischen Gruppen gebildete Allianz gegen die Gefahr eines Wiederaufkommens der Kommunisten.

Ambon, Name der Hauptstadt der Provinz der Molukken und der ganzen Inseln, Zentrum der schweren Auseinandersetzungen zwischen Christen und Muslimen 1999 bis 2002.

Ambonesen, Bewohner von Ambon; etwa zu gleichen Teilen islamisch und protestantisch, mit einer Minderheit von Katholiken.

Ansor, Jugendorganisation der Nadlatul Ulama (NU).

ASEAN, Assoziation Südostasiatischer Staaten.

Batavia, der alte koloniale Name der jetzigen indonesischen Hauptstadt Jakarta.

Bhinneka Tunggal Ika, altjavanischer Wahlspruch Indonesiens: »Einheit in Verschiedenheit«.

Blasphemiegesetz, wörtlich »Gesetz gegen die Beschmutzung der Religion«, Gesetz aus der Zeit der Präsidentschaft Sukarnos, in dem unter anderem fünf Religionen anerkannt sind (Islam, Protestantische Kirche, Katholische Kirche, Hinduismus und Buddhismus; 2002 kam der Konfuzianismus dazu); (Glaubens-)Lehren, die den Lehren dieser anerkannten Religionen widersprechen, sind *eo ipso* blasphemisch.

Bogor, Großstadt am Rand der Berge südlich von Jakarta, früherer Landsitz der niederländischen Gouverneure.

Borobudur, das buddhistische Heiligtum in Mitteljava aus dem 9. Jahrhundert, eine der bedeutendsten religiösen Bauten der Welt.

Bromo, aktiver Vulkan in Ostjava, nach Brahma genannt.

Budi Utomo, 1908 in Batavia (Jakarta) gegründeter Verein zur Förderung javanischer Kulturideale, gilt als Beginn des »nationalen Erwachens« Indonesiens.

Buginesen, seefahrender, streng muslimischer Stamm aus Südsulawesi, deren Sultane in vorholländischer Zeit den Osten Indonesiens beherrschten.

Bupati, etwa mit einem Regierungsbezirksvorsteher zu vergleichen, mit großen Vollmachten.

Darul Islam, Name einer Aufstandsbewegung, die zwischen 1950 und 1966 in Teilen Westjavas, Acehs und Südsulawesis einen Islamstaat ausgerufen und Guerillaaktivitäten aufgenommen hatten.

Demokratieforum, 1992 von Abdurrachman Wahid gegründet, mit Stoßrichtung gegen den ICMI, zu dem er führende Intellektuelle verschiedener Religionsangehörigkeit einlud; Suharto betrachte das Demokratieforum als oppositionell.

Densus 88, Spezialtruppe der Polizei zur Terroristenbekämpfung.

Dokuritsu Zyunbi Cosakai, der japanische Name der von den Japanern im Mai 1945 einberufenen »Körperschaft zur Untersuchung von Maßnahmen zur Vorbereitung der Unabhängigkeit Indonesiens«.

Doppelfunktion des Militärs, eine Doktrin, 1958 von General Nasution verkündet, nach der das indonesische Militär neben der militärischen auch eine zivile Funktion habe, nämlich die Treue Indonesiens zur Verfassung von 1945 zu garantieren.

Dschihad (indonesisch: *jihad*), Islamischer Heiliger Krieg.

Dschihadkrieger, die 2000 von Ja'far Umar Thalib bei Yogyakarta gebildeten islamistischen Kämpfer, die auf den Molukken in den Krieg zwischen Christen und Muslimen eingriffen.

Dwi Tunggal, »Zwei-Einheit«, der Name, den Indonesier der Regierung von Präsident Sukarno, dem Javaner, und Vizepräsident Mohammad Hatta, dem Sumatraner, gaben; sie zerbrach, als sich Hatta 1957 aus Protest gegen Sukarnos kommunistenfreundliche Politik zurückzog.

Forum Umat Islam (FUI), Forum der islamischen Gemeinschaft, eine radikalislamische, antichristliche Organisation vor allem in Westjava.

FPI (Fron Pembela Islam), »Islamische Verteidigungsfront«, die bekanntesten islamistischen Milizen Indonesiens, Hardliner, die gewalttätige Aktionen gegen »Stätten der Sünde« durchführen, aber auch Drohungen und Aktionen gegen christliche Kirchen unterstützen.

Gatholoco, ein javanisches Lehrgedicht aus dem 19. Jahrhundert mit scharf antiislamischer Stoßrichtung, und zwar im Namen javanischer Religiosität.

Gelenkte Demokratie, der Name, den Präsident Sukarno seinem populistischen Regierungssystem gab, nachdem er 1959 die verfassungsgebende Versammlung auflöste, zur Verfassung von 1945 und damit zu einer Präsidialregierung zurückkehrte und das gewählte Parlament absetzte.

Golkar, die politische Formation der Suharto-Regierung, die alle Wahlen unter Suharto mit über 60 Prozent der Stimmen gewann, sich nach dem Sturze Suhartos zur politischen

Partei erklärte und in den Wahlen 1999 auf 20 Prozent absackte.

Himpunan Mahasiswa Islam (HMI), »Islamischer Studentenverband«, bedeutendste islamische Studentenvereinigung.

Hizbullah Indonesia, wenig bedeutende radikalislamistische Organisation in Indonesien.

Hizbuth Tahrir, in Jordanien gegründete internationale Organisation, die Nationalstaaten ablehnt und ein südostasiatisches Kalifat errichten möchte; dabei aber Gewaltanwendung ablehnt.

HMI, siehe Himpunan Mahasiswa Indonesia.

HoNoCoRoKo, Beginn des javanischen Alphabetes, mit esoterischer Bedeutung.

Indonesia Raya, Name der indonesischen Nationalhymne.

Indonesisch, aus dem Malaischen entwickelte indonesische Nationalsprache.

ISIS/IS, *Islamic State of Iraq and Syria.*

Istiqlal Moschee, offizielle Hauptstadtmoschee und größte Moschee in Südostasien.

Jakarta, Hauptstadt Indonesiens.

Javaner, mit 42 Prozent größte indonesische Volksgruppe, die ursprünglichen Bewohner Mittel- und Ostjavas.

JILL (Jaringan Islam Liberal, Netzwerk des liberalen Islams), 2001 von Luthfi Assyaukanie und Ulil Abshar Abdalla gegründet, versteht sich als offenes Diskussionsforum mit dem Ziel, einen liberalen, pluralistischen Islam in Indonesien zu fördern. JILL wurde wiederholt von islamischen Hardlinern angegriffen.

Jugendschwur, der Schwur junger Indonesier 1928 in Batavia, sich für Indonesien als Heimat, das indonesische Volk mit der indonesischen Sprache einzusetzen.

Kabupaten, Regierungsbezirk unter der Provinzebene.

Kala, Menschenfressender Gott im javanischen Schattenspiel *Murwakala*, das als Exorzismus gespielt wird.

Kampung, mehr dorfartige Wohnbezirke in indonesischen Städten.

Kebatinan, wörtlich »Innerlichkeit(sbemühen)«, Sammelname für die vielen religiösen Gruppen, die mehr aus der javanischen Religiosität als aus dem Islam leben.

Kedung Ombo, Gebiet in Mitteljava, wo 1989 tausende von Bauern gegen minimale Entschädigung ihr Land und ihre Dörfer für einen Staudamm räumen mussten.

Ken Arok (1182–1227 oder 1247), der Sage nach ein einfacher Bauer und Robin-Hood-Typ, der die Macht ergriff und zum Begründer der Dynastie Singosari in Ostjava wurde.

Ketapang, ein Bezirk in West-Jakarta, in dem 1998 ein lokaler Streitfall zu einem Pogrom gegen christliche Kirchen durch Islamisten führte.

Kiyai, Name der charismatischen Leiter der *pesantrens*, islamischer Internatsschulen, oft mit sehr dörflichem Hintergrund, die die Nadlatul Ulama gründeten und bis heute im NU-Islam sehr einflussreich sind.

KPK, Komisi Pemberantasan Korupsi, »Korruptionsbekämpfungskommission«.

Kris (*keris*), javanischer Dolch, oft mit magischen Kräften.

KWI (*Konperensi Wali Gereja Indonesia*), die indonesische (katholische) Bischofskonferenz.

Madiun-Affäre, kommunistischer Aufstandsversuch 1948 in der ostjavanischen Stadt Madiun gegen die Regierung Sukarno/Hatta.

Madura, Insel bei Surabaya.

Mahabharata, indisches Epos und wichtigstes Repertoire im javanischen *wayang*-Schattenspiel.

Majapahit, 1283 gegründetes ostjavanisches Großreich, das den größten Teil des heutigen Indonesiens tributpflichtig machte; es verschwand Anfang des 16. Jahrhunderts als Folge der Islamisierung der Nordküste Javas.

Majelis Permusyawaratan Rakyat (MPR), »Ratgebender Volkskongress«, höchste verfassunggebende Autorität.

Majlis Mujahiddin Indonesia, »Vereinigung indonesischer Glaubenskämpfer«, radikalislamische Gruppe mit Sitz in Yogyakarta.

Malang, Großstadt in Ostjava.

Marhaenismus, »auf indonesische Bedingungen angewandter Marxismus«, die offizielle Ideologie Sukarnos.

Masjumi, stärkste reformislamische Partei, die 1960 von Sukarno verboten wurde.

Mataram, Name des mitteljavanischen Reiches von Sultan Agung im 17. Jahrhundert.

Medan, Hauptstadt der Provinz Nordsumatra.

Merapi, hochaktiver Vulkan bei Yogyakarta, mit übernatürlichen Kräften.

Minang, auch Minangkabau, Name der ursprünglichen Bewohner der Provinz Westjavas, die zu den wichtigsten Stämmen Indonesiens gehören.

MPR (s. Majelis Permusyawaratan Indonesia)

Muhammadiyah, mit derzeit etwa 30 Millionen Mitgliedern die zweitgrößte islamische Organisation in Indonesien; sie wurde 1912 in Yogyakarta von Ahmad Dahlan mit dem Ziel gegründet, den (indonesischen) Islam von Fehlentwicklungen zu reinigen und durch ein modernes Erziehungs- und Wohlfahrtswesen zu erneuern. Derzeit unterhält die Muhammadiyah Tausende von Schulen, 174 Universitäten und 72 Krankenhäuser. Zahlreiche politische Führer sind aus ihr hervorgegangen.

Murwakala, ein *ruwatan*-Stück, also ein Stück, das aufgeführt wird, um ein Haus oder Menschen von Geistern zu befreien, im javanischen *wayang*-Repertoire.

Nadlatul Ulama, 1926 in Ostjava von *kiyais* gegründete Organisation, deren Basis di P*esantrens* sind, im Widerstand gegen die puritanische Muhammdiyah-Organisation; mit angeblich 40 Millionen Mitgliedern die größte islamische Organisation der Welt.

NASAKOM, von Sukarno geprägtes Akronym für »Nationalismus, Religion, Kommunismus« (*Nasionaslisme, Agama, Komunisme*), eine Idee oder Ideologie, die die drei wichtigsten indonesischen ideologischen politischen Richtungen zum gemeinsamen Aufbau Indonesiens zusammenschließen sollte.

Nestorianische Christengemeinde, im 7. Jahrhundert von Nestorianern gegründete Christengemeinden in Nordsumatra, die später spurlos unterging.

Niederländisch Ostindien, offizieller Name des niederländischen Kolonialreiches, das sich von Aceh im Nordwesten bis Papua-Neuguinea im Osten erstreckte.

NU (s. Nadlatul Ulaimma)

Osttimor, ehemalige portugiesische Kolonie auf dem östlichen Teil der Insel Timor, die 1975 von Indonesien annektiert, aber 1999 nach einem Referendum in die Freiheit entlassen wurde.

Padri-Bewegung, extrem puritanisch-islamistische, dem arabischen Wahhabismus anhängende Aufstandsbewegung unter den Minangkabaus in Westsumatra.

Pamswakarsa, 1998 vom Militär gegen demonstrierende Studenten eingesetzte Milizengruppe.

Partai Katolik, die 1923 von Javanern gegründete katholische Partei.

Petition der 50 (Petisi 50), eine Eingabe an Präsident Suharto, benannt nach den 50 prominenten Unterzeichnern, darunter ehemalige Generäle, worin u. a. kritisiert wurde, dass er ein Deutungsmonopol über die Staatsphilosophie *Pancasila* erzwinge.

Petrus, Synonym für »mysteriöse Erschießungen«, eine in den achtziger Jahren offenbar von der Suharto-Regierung organisierte Kampagne gegen Kleingangster, die von Spezialeinheiten des Militärs und der Polizei ermordet wurden.

PKI (s. Partai Komunis Indonesia), die Indonesische Kommunistische Partei, die mit 3 Millionen Mitgliedern, aber mit verschiedenen Mantelorganisationen mehr als 20 Millionen Menschen umfasste; sie wurde am 12. März 1966 von General Suharto verboten.

PKS (Partai Keadilan dan Kesahteraan), ideologisch von der ägyptischen Muslimbruderschaft beeinflusste *Gerechtigkeits- und Wohlfahrtspartei.*

Poso, Stadt in Nord-Mittel-Sulawesi, Zentrum des Bürgerkriegs zwischen Muslimen und Christen 1999–2002.

PPP (*Partei Persatuan Pembangunan*, »Vereinigte Entwicklungspartei«), eine der beiden von Suharto geformten Parteien, die aus dem Zusammenschluss islamisch orientierter Parteien entstanden ist.

Priyai, Angehöriger der javanischen städtischen Mittelklasse.

PSI (*Partai Sosialis Indonesia*), »Indonesische Sozialistische Partei«, von der PKI angefeindet und von Sukarno 1960 verboten.

Ramayana, indisches Epos und wichtiges Repertoire im javanischen *wayang*-Schattenspiel

ratu kidul, die »Königin des Südmeeres«, eine Göttin, deren Reich im Indischen Ozean an der Südküste Javas liegt.

Reformasi, »Reformation«, Ausdruck für die Revolution, die Suharto zum Rücktritt zwang.

Santri, Schüler einer *pesantren*, einer von einem *kiyai* geleiteten Koranschule mit Internat, aber auch Ausdruck für Javaner, für deren Religiosität der orthodoxe Islam zentral ist.

Sarekat Islam, »Islamischer Bund«, 1912 gegründete erste indonesische politische Partei

Scharia, die islamische Gesetzgebung.

Schattenspiel, (*wayang*), sehr beliebt unter den Javanern; die Stücke sind zur größten Teil dem Mahabharata und Ramayana entnommen.

Schiiten, neben den Sunniten die zweite große islamische Konfession; etwa 20 Prozent aller Muslime sind Schiiten;

die Anhänger des 661 n. Chr. ermordeten vierten Kalifen Ali Ibn Abi Talib.

Shiwaismus, eine Form des Hinduismus, bei der der Gott Shiva im Zentrum steht.

Solo (Surakarta), eine der beiden mitteljavanischen Königsstätten (neben Yogyakarta) mit den beiden konkurrierenden Königen Pakubuwono und Mangkunegara.

Sri, Name der von vielen Javanern verehrten Reisgöttin.

Sriwijaya, buddhistisches Großreich von etwa 700 bis 1200 mit Zentrum bei Palembang auf Sumatra.

Sundanesen, die zweitgrößte Volksgruppe Indonesiens, die den Westteil Javas bewohnen.

Surakarta, s. Solo.

Taman Eden, Name einer um 2000 durch Lia Aminuddin gegründeten religiösen Gemeinschaft, die aufgrund des Blasphemiegesetzes verboten wurde.

Tatakrama, die javanische Etikette.

Wahhabismus, puritanische islamische Bewegung, im 18. Jahrhundert in Arabien gegründet und die offizielle Richtung Saudi-Arabiens.

Wayang, das javanische Schattenspiel; zunächst meint das Wort »Schattenspielfigur«.

Wisnu, bildet mit Brahma und Shiwa *Trimurti*, die drei höchsten Götter des Hinduismus.

Woyla, Name des Flugzeugs, das 1981 von Islamisten nach Bangkok entführt wurde.

Yasmin-Kirche, protestantische Kirche in Bogor, Westjava, deren Benutzung trotz einer Entscheidung des obersten indonesischen Gerichtshofes 2010, dass die Gemeinde sie als Kirche benützen darf, durch Beschluss des Bürgermeisters geschlossen bleibt.

Yogyakarta, eine der beiden mitteljavanischen Königsstätten (neben Solo) mit dem Sultan Hamengkubuwono und König Pakubuwono.

Personenregister

Sachregister